教师发展丛书

师怎样让

◎田立君

编著

师德师风 落地生根

教师怎样让师德师风落地生根
教师怎样引导学生用好信息技术
新课程的课堂教学是更新学习方式
教师如何进行教育评价
教师怎样做教育行动研究
教师怎样进行校本研修
教师怎样教学是什么样的
教师怎样设计一堂好课
教师怎样进行课堂教学质量的管理

东北师范大学出版社

长 春

图书在版编目(CIP)数据

教师怎样让师德师风落地生根 / 田立君编著. —长
春：东北师范大学出版社，2020.7
（新时代教师发展丛书 / 严先元主编）
ISBN 978 - 7 - 5681 - 7012 - 3

Ⅰ. ①教… Ⅱ. ①田… Ⅲ. ①课堂教学－教学研究－
中小学 Ⅳ. ①G632.421

中国版本图书馆 CIP 数据核字(2020)第132932号

□责任编辑:冀爱莉   □封面设计:隋福成
□责任校对:李 杭   □责任印制:许 冰

东北师范大学出版社出版发行
长春净月经济开发区金宝街 118 号(邮政编码:130117)
电话:0431-84568164
网址:http://www.nenup.com
东北师范大学音像出版社制版
辽宁新华印务有限公司印装
沈阳市张士经济技术开发区
中央大街六号路 14 甲－3 号 (邮政编码:110021)
2020 年 7 月第 1 版   2020 年 7 月第 2 次印刷
幅面尺寸:169 mm×239 mm   印张:14.5   字数:197 千

定价:84.00 元

总　序

　　教师是立教之本、兴教之源。教师作为教育发展"第一资源"的价值判断，确定了教师在实现中华民族伟大复兴中国梦进程中的重要作用。中共中央、国务院在《关于全面深化新时代教师队伍建设改革的意见》中明确指出："教师承担着传播知识、传播思想、传播真理的历史使命，肩负着塑造灵魂、塑造生命、塑造人的时代重任，是教育发展的第一资源，是国家富强、民族振兴、人民幸福的重要基石。"这不仅强调了教师与现代化国家的共生关系，更突出了建设高素质、专业化、创新型教师队伍与建设具有中国特色社会主义现代化强国之间的密切关联。

　　党的十九大报告指出，使命呼唤担当，使命引领未来。建设高素质、专业化、创新型教师队伍任重道远。我国有研究者指出，建设这样一支队伍主要有三条基本途径：一是个体内在路径，二是制度外部路径，三是文化融合路径。① 本书在这三个方面都有涉及，但更多地聚焦于教师主体性实践的个体内在路径，对当前广大教师来说，这可能是更适切的。

　　关于本丛书内容选择，主要出于以下考虑：习近平总书记曾在《求是》杂志发表《一个国家、一个民族不能没有灵魂》的重要文章，他引用《左传·襄公二十四年》中的话"太上有立德，其次有立功，其次有立言"，教导我们要"立德""立功""立言"，才能创不朽之业。本丛书重视通过"以德立身、以德立学、以德立教、以德育德"，促进师德修养提升，不仅有专册论

---

　　① 朱旭东，宋萑，等. 新时代中国教师队伍建设的顶层设计［M］. 北京：北京师范大学出版社，2018：8-9.

述，而且在各册中突出价值定位和价值引领。由于教师的"建功立业"在时间和精力上大多用于"教学活动"，特别是用在"提高教学质量的主阵地——课堂教学"上，因此我们针对教学诊断、教育评价、教育行动研究、校本研修等都做了分册撰述。同时，根据教师专业的特质，教师发展必须以"实践性知识"作为支撑，我们也从校本研修、行动研究、技术促进学习和提高信息素养等方面做了一些专门的讨论，希望教师以"立言"的形式进行创新探索，积淀经验成果，实现交流互动。

建设教育强国是中华民族伟大复兴的基础工程，我们每一位教师都为投身这伟大斗争、伟大工程、伟大事业、伟大梦想而深受鼓舞。我们深信，经过奋发努力，"教师综合素质、专业化水平和创新能力大幅提升，培养造就数以百万计的骨干教师、数以十万计的卓越教师、数以万计的教育家型教师"，"广大教师在岗位上有幸福感、事业上有成就感、社会上有荣誉感，教师成为让人羡慕的职业"的目标一定能实现。

为此，我们期待着本套丛书的出版能够为广大基层教师的教育教学工作带来一定的帮助。

尹生元

2020 年 7 月

目　录 Content

下篇　师德师风落地生根的实践应用

导　言

优秀的师德是照耀学生温暖前行的灯

从幼儿园、小学到中学、大学，我们会遇到很多老师。这一路上，老师似灯，师德如光。灯光多一点，被照亮的孩子就多一点；灯光亮一点，被照亮的路途就远一点。高尚的师德是对学生最生动、最深远、最具体的教育。教师的一言一行、一举一动无时无刻不在潜移默化地影响着学生，师德建设任重道远。在本书中，笔者将与您探讨教师怎样在课堂教学的土壤里让师德师风落地生根，开花结果；教师怎样在日常的校园生活中让师德之光照亮学生的心田与未来。

"立德树人"是教育的根本任务。"上好课"是教师应该具备的基本功，"育好人"是教师最根本的职责。有良知的新时代教师能把教书育人与自我修养相结合，能积极挖掘出课堂教学中的育人元素，从而让课程更有温度，思想引领更有力度，让课堂焕发出生命的光彩。

教师职业道德修养简称"师德"。师德不是空泛的概念，立德树人发生在具体的教育情境中。课堂教学实践是师德师风得以落地生根的土壤。师德师风的落地生根有赖于校园里有信仰、有德行、有能力、有见识、有格局的具体的人——教师。

教师的人格之光，对学生心灵的烛照深刻又久远，甚至可能影响学生的一生。陶行知说过："真教育是心心相印的活动。"崇高的师德对学生的影响是终生的。提升教师职业道德修养不在理论说教，落脚点应是课堂教学的细节。无论是新课的导入还是课堂上的提问，无论是教师的口头语言还是肢体语言，无论是教师的倾听还是对学生的评价，每一个细节都渗透着师德师风，因为"教书育人在细微处，学生成长在活动中"，师德修养在教书与育人的同步中生成与体现。

那么，如何让学校的教学活动更生活化、更平等、更看重过程？让师德之光点亮校园里的日常？师德师风建设不是管出来的，而是要靠教师的内心认同和行动自觉。怎样才能将提高师德素养装在心头做在日常？笔者愿与您一同思考与探求。

立德树人的落地生根要从学生的实际出发。今天的学生处在价值多元与新技术包围中，教师如何唤醒学生已有的经验，使之融入教学中来并得以提升？帮助学生把握知识的内在联系与本质，教师应该怎么做？尊重学生的身心发展规律，满足独特个性发展需要，使得难以理解或比较枯燥、抽象的概念、原理、方法等教学内容，能够在愉快的学习氛围和有意思的活动中被学生接受和运用，同时在融合的过程中，对学生的思维品质、实践能力和行为意识等多方面进行培养，继而在实践中建立相关标准，是立德树人效果落实的关键。

教师良好的师德修养所蕴含的人格魅力会对学生产生怎样的影响？浙江绍兴鲁迅小学有个老师叫裘志刚，他曾经写过一篇《优秀的师德必定是孩子一生的念想》①的文章，该文朴实无华，录此，让我们一起看看优秀的师德如何成为学生一生的念想：

如果您是曾经的学生，是否有一位老师还在您的记忆深处？最让您记忆深刻的是什么？

今年除夕，绍兴三名女生微信寻人，寻找十年前曾经带领她们获得平水镇运动会三枚金牌的体育老师朱峰。朱峰不是什么特级教师，也不是什么班主任，只是农村学校的一位体育老师。朱老师凭什么让这三个孩子记忆犹新，在自己成家立业的时候渴望与朱老师再次相逢？那是他当时信守诺言，在她们获奖之后带她们去城里吃了一顿肯德基。其实，别说寻找老师，很多人早就将老师全部忘光，哪怕从他面前经过，也会视而不见。但不管怎样，总有那么几个老师在你的内心深处留下厚重的烙印，那是因为他们能够尊重孩子，

---

① 裘志刚. 让我成为孩子的偶像 [M]. 哈尔滨：黑龙江美术出版社，2017.

有优秀的师德。

能让孩子产生记忆的老师往往有广泛的兴趣。我也反思自己一路的学习历程，那些能够使我印象最深的老师，必定是"身怀绝技"的，仿佛什么都会，书法拿得起，绘画画得美，吹拉弹唱样样拿手。这些特长对于当时的孩子来说是多么羡慕！因为我们那时没有任何的才艺可学。不像现在，我吹个口琴，孩子基本无动于衷。在我的文章后面有个 20 世纪 90 年代毕业的学生留言："裘老师，一直记得您，90 年代初，我在成章小学求学时最喜欢、最敬佩的老师！犹记得您上语文课、音乐课、美术课、体育课，您在合唱队给我们排练。您弹钢琴、拉手风琴的样子至今回想起来仍像昨天发生一般！"我都不记得自己上过合唱队排练课、弹过钢琴了，我更没有那位学生说得那么好。

你教过的学生，或许对你记忆犹新，就是你没教过的学生也会对这样的老师产生记忆，有学生留言问我："你是不是以前教我们隔壁班的音乐老师，你教他们吹竖笛，我们当时羡慕得很！"

能让孩子产生记忆的老师往往有崇高的师德。一次批评一次教育或许对于我们做老师的来说并不记得，但也许会给孩子的成长留下深刻的记忆。你别看孩子"傻傻"的，他们其实什么都知道，哪个老师对他好，哪个老师对他差，心里一清二楚，只是"修养"好，没来说你罢了。只要是关心孩子，你哪怕今天打了他一下，他也并不记仇，等年纪大的时候，还会突然觉得老师真是为了自己好。而一个小礼物，一个对他认可的评价，或者一封信、一句话都可能对孩子产生很大的影响。如果老师能公平对待每一个学生，如果老师能帮助孩子解决一些实际问题，就会让孩子产生不一样的记忆。我曾经的学生建了一个微信群，把我拉了进去，说起曾经的老师，有一些也让他们记忆深刻，但让我做老师的脸红："以前我妈开浴室，×老师经常来要洗澡票，经常带她孩子来洗澡的！""以前×老师对我不错！"还没等一个学生说好，另一个学生立刻说"那是你爸经常有优惠的煤气票"……这是 20 世纪 90 年代的孩子，如今其实也一样，如果你收受礼物，进行有偿家教……我们的孩子都知道。

一个老师如果无法保证公平公正的优秀品质，不能自觉抵制社会上的歪风邪气，必定会被孩子淡忘，有的甚至招致今后的议论和唾骂，或许我说得严重了一点。我一直赞赏桃李满天下的师德要求，等我们的孩子都成家立业的时候，想起还有这么一位曾经受他尊重的老师，别说吃饭，你拿礼品都没关系，那根本不是受贿，而是对你的一种尊重和肯定。如果你是老师，我告诉你，优秀的师德必定是孩子一生的念想！

"优秀的师德必定是孩子一生的念想！"优秀的师德是照耀学生温暖前行的灯。

一、 从经师走向人师

从古至今，人皆尊称从教者为"师"。"师者，人之模范也"。《资治通鉴》中说："经师易遇，人师难遭。"按照古人的解释，经师指"专门名家，教授有师法者"，人师则指"谨身修行，足以范俗者"。用现在的说法就是，经师教学问，人师教做人；经师重能力，人师重品行。经师是做教师的基本条件，人师则是教师修养的最高境界。只受经师之教，未得人师之育，是人生憾事。当下探讨有效教学，无论从"三维目标"促进学生全面发展来说，还是从"自主、合作、探究"学习方式的变革来看，都需要教师从单纯的传授"记问之学"走向传道、授业、解惑的育人之道。

经师用韩愈的解释就是授业、解惑，而人师在授业、解惑之前还须加上"传道"。其实能成为合格的经师也不易，也是要下一番苦功的。要把课讲好，就要把知识讲得正确明白，让学生听懂，学会，这需要教学的基本功，是讲经的"先生"的本分；至于学生们内心的感受，他们接受的程度和态度就管不了那么多了，或者也没想到要管那么多除了课本之外的东西。一句话，书上有啥就教啥，此谓教书先生——经师也。人师则不同，人师育人的重点在于一个"道"字，既教知识又教做人，教书不忘道化育人，教书与育人同步，传经与布道水乳交融。人师是春风化雨，是点石成金。

我们甚至无法给人师下个定义。因为人师是动态的，是生长中的。我们说人师是学生生命之师，在于他每天给学生带来的是如同朝阳般充满希望和活力的生命激情。和他在一起，你会不知不觉受到感染，感到活着真好，生命中的每一天的太阳都是新的。学生盼望见到他，愿意在他的课堂上表现得更好。同样的内容，要是他在讲，学生们就爱听，也是那样的教学目标、教学重点和难点，但他一讲起来，就是那么不一样，那知识点就像活了起来，多枯燥的公式定理，多单调的字母文字，都像被他施了魔法似的妙趣无穷。

人师讲经又传道，这多忙乎人，多累呀！你要这么说就错了！生命之师还在于他在做教师的过程中感到幸福，他备课、讲课、辅导学生、与学生谈心，他做的这一切都是他喜欢的。一个人做着自己喜欢的事儿，怎么会感觉到累呢！所以我们说人师是幸福之师！有一句话说得好："有，只能带来有；没有，只能带来没有。"和有幸福感的教师在一起，学生自然会感到身上有使不完的劲儿，满是舒畅和痛快。

人师总给人希望，你想放弃自己他都不答应！"本来以为自己差得没救了，但在他的课堂上一下子醒了——哦，我原来也可以这么优秀呀！"所以我们说人师是希望之师，和他在一起，你会慢慢懂得什么是"相信自己，相信未来"。

从懵懂无知到立身处世，在他的身边耳濡目染，你知道了"知足知不足，有为有不为"，你懂得了"内方而外圆"，你明白了"三人行必有我师"，你受益于"予人玫瑰，手留余香"，你践行了"眼睛是懒汉，而手是好汉"，你豁然开朗于"做你自己，你是不可复制的"……这就是人师的另一种解读——我们称之为智慧之师！

他遇事并不吵吵嚷嚷、大惊小怪，他总是淡淡的，像米兰的花香若隐若无。他教导你，却并不留下什么痕迹：好像也没让你看出有过什么惊心动魄的场面。在他的课堂上，多棘手的麻烦都会化险为夷，你甚至都没来得及感受他的高明和什么绝招，事情就过去了，这让我猛然想起金庸小说里提到的"重剑无锋"，也记起《读者》上的一句"真水无香"。是的，人师的点染是悄无声息的，像"谛听草叶上露珠的滚动声"，却在你心田烙上了温暖的痕迹，分明写着"大爱无痕"。这就是人师的动力之源，我们称之为大爱之师。

对人师的诉求一定有许多种，但都有一个共同的心向，我们以为无外乎三个字：真善美。真——真性情，真诚；善——心地好，仁慈；美——美好的言行。人师必将闪烁人性的光辉、人道的精神和人情的力量。

人师，他不分国籍——从中国到外国；不分时空——从古代到当代；不分有名和无名——从孔子、苏格拉底到山区崎岖小路上带着学生跋涉的身影……是的，对人师的定义没有人为的分类和格式化的圈定，因为在人师的字典里教育没有固定的方法、技巧和学术结构，有的只是伴随课堂教学中教师不断培养学生的自信心、同情心以及探索真理等各种能力的一天天长进与改变！这就是我们理解的人师——走进学生内心世界、拨动学生情感心弦的心灵之师！

我们说了这么多，你可能要急着问：人师到底长什么样啊？人师都是谁？其实，他既具体可感，触手可及，生活在你我他的过去、现在和未来，又遥若海上灯塔，似在眼前又须不断找寻，仿佛永远难以企及，用于漪老师的话说就是"我做了一辈子教师，但一辈子还在学做教师"。是的，这就是人师——熟悉，在我们身旁；新鲜，在我们永远追求却没有尽头的路上。

二、 那些过去的教师——春晖的教育[①]

商友敬在《过去的教师》一书中有一节专门记录了春晖的教育：

凡是喜欢丰子恺漫画的人，都会记得这幅作品——疏朗简洁之极的笔触

---

① 商友敬. 过去的教师 [M]. 北京：教育科学出版社，2007.

勾勒出房舍廊前的景致，廊上是卷起的竹帘，廊下有木桌茶具，画面大片留白，一弯浅浅的月牙高挂，题款是"人散后，一钩新月天如水"。

这幅如宋元小令般意境悠远的水墨漫画，是20世纪20年代丰子恺第一幅公开发表的作品，当时，他正在浙江省上虞县（今浙江省绍兴市上虞区）白马湖畔的春晖中学任教。

那时的春晖中学，是一所私立的农村中学。五四新文化运动后的20世纪20年代初期，其全新的教育理念犹如引力巨大的磁场，吸引得象山脚下、白马湖畔一时间群星璀璨，群贤毕至。春晖中学的校史上记载着：从1921年到1925年，在这里陆续任教的有夏丏尊、朱自清、丰子恺、朱光潜、匡互生、王任叔（巴人）、杨贤江、刘董宇等。而到过春晖中学居住、讲学的有蔡元培、李叔同、何香凝、黄炎培、柳亚子、张闻天、俞平伯、吴觉农、于右任……

那是20世纪20年代中国教育史、文化史的独特景观，其余韵源远流长，至今犹令人回望不已。

教育救国与经亨颐

春晖中学的创办人是近代著名教育家经亨颐。1920年，他从苦心经营13载的浙江一师（今杭州师范大学）去职，受上虞富商陈春澜资助，回家乡筹办春晖中学。做了多年"教育救国"的梦，他终于有了一块实验的田园。从校舍的选址设计，到教员的聘请，再到《春晖中学计划书》的完成，他一一亲力亲为。短短几年间，这所位于乡野的农村中学呈现出崭新的气象。

最能体现经亨颐教育思想和教育实践主张的，当首推春晖中学。春晖中学私立的性质，使其在学校建设方面不再受制于当时的政府；春晖中学办在乡村，官方的压力和守旧势力的干涉相对城市而言较弱。多年来，春晖依其"以哲人统治之精神自谋进行"的思路办学，"一洗从来铸型教育之积弊"。其兴学目标是发展平民教育，培养有健全人格的国民。他常对学生说："什么是人格？人格是做人的格式。""求学何为？学为人而已。"他期望学生弘扬古人修身、齐家、平天下的精神，从改造自己做起，以达到改造社会的目的。他为浙江一师制定的校训是"勤、慎、诚、恕"。即：学习要勤奋，生活要勤俭；举止行为要慎独、严谨；为人要诚实、诚信；处世要严己恕人。

春晖"所以设在白马湖者，是想感化乡村"，"至少，先使闻得你钟声的地方，没有一个不识字的人"。为了使自己的教育思想在春晖得到实施，经亨颐尝试推行"教员专任，学生自治，教学自主，学制改革，男女同学"等制度，还为教师提供了优越的教学环境和优厚的待遇。这一切迥然有别于其他学校的举措，吸引了大批人才汇集。

一所好的学校，不仅能使学生得到很好的成长，使教师得到很好的发展，还能在一定程度上影响一个地方的社会文化风尚。生机勃勃的春晖中学，一时间有了很高的声望。……20世纪的二三十年代，中国教育界留下了"北有南开，南有春晖"的美谈。

1938年，经亨颐病逝于上海。1991年，经亨颐先生的女儿遵照父亲遗愿，将其骨灰由八宝山革命公墓移回上虞，安葬于春晖园内。

爱的教育与夏丏尊

春晖中学开办后，时任湖南长沙第一师范学校国文教员的夏丏尊辞职来到春晖。他在象山脚下筑屋定居。六间粉墙黛瓦的房舍，一个小小的院子，就是他的居所，他名之为"平屋"。

夏丏尊为人实在敦厚，他不尚空谈，希望能为教育做些实际的事情。曾经有大学请他任教，被他谢绝，他认为中小学教育更能影响一个人的一生。他在春晖教国文之时，正值社会弥漫复古思潮之际。为让学生学到真才实学，他自己精编教材。授课之余，他翻译了意大利作家亚米契斯的小说《爱的教育》，这本书印行后，一版再版，创下了当时外国译著印数的最高纪录。他以自己的一生，实践了"爱的教育"的理想。有同事回忆夏丏尊执教春晖的情形时说："……穿一件竹布长衫，略蓄短须，看到学生眯着眼微笑……"一旦他察觉到学生有什么不当的言行，就会一遍又一遍地念叨，有人把他的教育方式称为"妈妈的教育"。假日学生出门，他会殷殷地拉着学生叮嘱："勿吃酒！铜钿少用些！早些回校！"每天清晨，起床铃一响，他就来到学生宿舍，把睡懒觉的一一叫起。晚上熄灯后，他再到学生宿舍一一查看。遇私点蜡烛的，他熄灭蜡烛后予以没收，和衣而眠的，他促其脱衣盖被。有学生在点名、熄灯后溜出校门玩耍，他知道后也不加责罚，只是恳切地劝导。如果一次两次不见效，他就会待在宿舍守候这个学生，无论多晚都守候着。等见到了学生，他仍不加以任何责罚，只是更加苦口婆心地劝导，直到这个学生心悦诚服，真心悔过。他当舍监七八年之后，学生养成了良好的生活习惯。他高兴地看到，"几乎可以无为而治了"。

夏丏尊在《爱的教育》译者序言中批评当时的教育："单从外形的制度上方法上，走马灯似的更变迎合，而于教育的生命的某物，从未闻有人培养顾及。好像掘池，有人说四方形好，有人又说圆形好，朝三暮四地改个不休，而对于池所以为池的要素的水，反无人注意。教育上的水是什么？就是情，就是爱。教育没有了情爱，就成为无水的池。任你四方形也罢，圆形也罢，总逃不了一个空虚。"

美的教育与丰子恺

当时的春晖中学有两个最大的教室，那就是美术教室和音乐教室，丰子恺任这里的美术、音乐教师。他教导学生：艺术能够陶冶性情，使生活富有意义，能够使人超脱卑微、痛苦、迷茫的生活。他教学生画石膏头像，教学生互为模特儿写生素描。春晖中学的学生建立了各种艺术团体，"天然图画，点写不尽，音歌啸傲，山谷共鸣"。丰子恺自己也常在白马湖畔写生作画，有时来了音乐灵感，手头没有五线谱纸，他就用画笔在自己的白衬衫上画五线谱。春晖中学早年的校歌，便是他以孟郊的《游子吟》为词谱写的。这首校歌在宽松、自由、充满个性色彩的教育氛围中，呼唤出了学生对美的向往和创造的热情。"碧梧何荫郁，绿满庭宇，羽毛犹未丰。飞向何处？乘车戴笠，求无愧于生。清歌一曲，行色匆匆。"这是春晖中学当年的毕业歌，唱着这样的毕业歌离开校园的春晖学生，会拥有怎样的精神世界和心灵？蔡元培先生在春晖的演讲中肯定和赞美了春晖中学的这种"美的教育"。他说："美的东西，虽饥不可以为食，寒不可以为衣，可是却省不来……求美也和求知一样，同是要事。"

丰子恺一生最崇敬的人是老师李叔同，李叔同出家后云游到宁波一带，曾说："我和白马湖是有缘的。"云水萍踪的李叔同居无定所，身体时好时差，经亨颐、夏丏尊、丰子恺、刘质平等人商议后，集资修建了"晚晴山房"，供先生常住。

《人散后，一钩新月天如水》便画成于在春晖的日子。画作表达了小杨柳屋友人相聚后的心境。新月升空，友人尽散，清幽的夜色，清雅的房舍，清静的心境，如悠扬的古琴声在画幅间流淌。

"有信仰的教育"与朱自清

1924年，一个"微风飘萧的春日"，朱自清来到春晖中学任国文教员。

来到春晖不久，朱自清便在《春晖》半月刊上发表了《教育的信仰》一文。他在文章中谈道，教育界中人，无论是办学校的、做校长的，还是当教师的，都应当把教育看成目的，而不应该把它当作手段。如果把教育当作手段，其目的不外乎名和利，结果不仅不利于学生的"发荣滋长"，而且会"两败俱伤，一塌糊涂"。那么，什么是教育的目的呢？"教育有改善人心的使命"。他认为，如果学校太"重视学业，忽略了做人"，学校就成了"学店"，教育就成了"跛的教育"，而"跛的教育是不能行远的，正如跛的人不能行远一样"。所以，他说："教育者须先有健全的人格，而且对于教育，须有坚贞的信仰，如宗教信徒一般。"

朱自清对经亨颐校长的"人格教育"思想深以为然。"教育者和学生共在一个情之流中"，"纯洁之学生，唯纯洁之教师可以训练"。

朱自清在春晖中学，一反"师道尊严"的传统，要求学生克服见了老师就"矫情饰伪"的毛病，培养做人"纯正的趣味"。无论遇到什么问题，他都和学生平等地讨论。据校刊《春晖》记载，一次，有人报告学生中有几人聚赌。面对如此公然违纪的事件，朱自清却不主张学校处理学生。他和别的教师商量后，采取的做法是：教师先找学生谈话，学生认识到错误后，就交由学生协治会处理。学生协治会是学生自己的组织，他们的处罚方式是，罚犯错误的学生写大字和打扫学生宿舍卫生一个月。舍务主任匡互生则认为学生犯错与自己监管不力有关，自罚一个月薪俸并每天和学生一起做劳务。

"当教育传达出对学生的善意、信任和关爱时，唤醒的是学生的向学之心和向善之志。"让朱自清快乐的是，当时的春晖"邀集了一批气味相投的朋友执教"。他与夏丏尊、丰子恺、朱光潜、匡互生等人志同道合，朝夕相处，友情甚笃。匡互生是湖南人，在五四运动中，他冲在游行队伍的前面，是火烧赵家楼的勇士。在春晖，他任舍务主任，为人耿直热忱，深得同事和学生的爱戴。朱光潜教英文，与朱自清身材相似，性情相投，许多人以为他们是兄弟。他的第一篇美学论文《无言之美》，就是在朱自清、夏丏尊的鼓励下在春晖写成的。夏丏尊一向好客，房子又比他们几个人的大一些，加之丏尊太太做得一手好菜，他们便常在夏家聚会。从学校的事情，谈到社会，谈到文艺，直谈到夕阳西下，月上东山，"天上偶见几只归鸟，我们看着它们越飞越远，直到不见为止"。"在没有月亮的夏夜，可以在田野里看到萤火虫……那是成千成百的萤火。一片儿飞出来，像金线网似的，又像耍着许多火绳似的……"

白马湖畔的岁月，是饱经离乱之苦，最后在贫病饥饿交加中死去的朱自清先生"一生中难得的惬意时光"。

1924年深冬，匡互生、夏丏尊、丰子恺、朱光潜、朱自清等人先后离开了白马湖。

"人散后，一钩新月天如水。"丰子恺在春晖如诗如画的岁月中留下了这幅作品，既像是写实，也像是预言，留给后人的则是无尽的怀想和叹息。

上篇　师德师风概述

第一章

师德师风内涵

教师职业道德简称"师德"，它是教师和一切教育工作者在从事教育活动中必须遵守的道德规范和行为准则以及与之相适应的道德观念、情操和品质，它是调节教师与他人、教师与集体及社会关系的行为准则，是一定社会或阶级对教师职业行为的基本要求。

一、 教师职业道德概念①

（一）道德的内涵

道德是由一定社会的经济关系所决定的特殊意识形态，是以善恶评价为标准，依靠社会舆论、传统习惯和内心意念所维持的，调整人们之间以及个人与社会之间关系的行为规范的总和。道德是一种社会意识形态，是依靠内心信念、传统习惯和社会舆论来调节人们之间及人与社会、人与自然间关系的行为的准则与规范。道德以文明为方向，是一定社会主流价值观下的非强制性行为规范。在西方古代文化中，"道德"（Morality）一词起源于拉丁语的"Mores"，意为风俗和习惯。

1. 道德是一种社会现象的含义

道德作为一种社会现象，并不是从来就有的。

马克思主义道德观认为：社会劳动是道德起源的基础。道德之所以会成为人类的社会生活现象，是因为人们要共同生活，而共同生活必须有共同生活方式。人们通过道德来调整交往中的矛盾，并约束各自的行为，维护社会秩序的稳定。

2. 道德是一种个人品质

道德在个人身上则表现为个人品质，一般称为"道德品质"或"品德"，也称为"思想品德"。品德是社会道德准则"在个人思想和行动中表现出的较稳定的特征和倾向"。

个人品德是由若干要素构成的统一体，至少包括三个方面：（1）道德认

---

① 陈玉祥. 教师职业道德 ［M］. 南京：南京大学出版社，2016.

识。道德认识是人们对一定的社会道德规范体系的认识，其核心是道德价值观。（2）道德情感。道德情感是一种情感体验，指个体对一定的社会存在和道德认识的主观态度。它是支持一个人践行道德规范认识的力量，一个有着道德情感的人，会把外界要求的道德规范内化为自己的认识。（3）道德行为。道德行为是道德规范所要求的人的行为方式，是一个人的道德认识在行为上的体现。要看一个人的道德品质怎么样，不看他是否能够说出道德的要求，而要看他能否在行动上按照道德要求去做。

（二）职业道德的内涵

职业是人们由于特定的社会分工和生产内部的劳动分工而长期从事专门业务和特定职责，并以此作为主要社会生活来源的社会活动。职业道德是从事一定职业的人在工作或劳动过程中所应遵循的，与其特定职业活动相适应的行为规范。

1. 职业道德的含义

职业道德是"人们在职业生活中应当遵守的，与职业实践有密切关系的道德规范和准则，是一定社会的一般道德在职业生活中的具体表现"。职业道德是指所有从业人员在职业活动中应该遵循的行为准则，是一定职业范围内的特殊道德要求，即整个社会对从业人员的职业观念、职业态度、职业技能、职业纪律和职业作风等方面的行为标准和要求。

恩格斯认为："每一个阶段，甚至每一个行为，都各有各的道德。"人生活在人群中，生活在社会上，也就生活在道德规范的要求中：与家人相处，有家庭伦理道德；在社会上生活，受社会公德影响；从事职业生活，则要受到职业道德的约束。职业道德是与人们的职业活动紧密联系的符合职业特点要求的道德准则、道德情操、行为品质的总和。一个人无论从事哪种职业，都要遵守其职业的要求和规范。如教师要遵守教书育人、为人师表的职业道德，医生要遵守救死扶伤的职业道德，等等。职业道德不仅是从业人员在职业活动中的行为标准和要求，而且反映了本行业对社会所承诺的道德责任和义务。①

2. 职业道德的特点

第一，职业道德的内容反映了鲜明的职业要求。职业道德必须鲜明地表达职业义务、职业责任以及职业行为上的道德准则。在内容方面，职业道德是一种公德，但与一般公德比较，职业道德在某些方面具有更高和更具体的道德要求。职业道德鲜明地表达了职业义务、职业责任以及职业行为方面的道德准则，具有较大的稳定性和连续性，它通过特有的道德传统、道德习惯规范来造就本行业的从业人员，它使不同职业的人在道德面貌上表现出明显的差异。

第二，职业道德的表现形式往往比较具体、灵活、多样。它总是从本职业交流活动的实际出发，采取制度、守则、公约、承诺、誓言、条例、标语、口号之类的形式。采取灵活的形式既易于从业人员接受和执行，而且易于其养成一种职业道德习惯，比如对教师职业道德的要求"学而不厌，诲人不倦""教书育人""为人师表"等。这些形式和内容既容易被从业人员理解和执行，也有利于被行业外的人员认识和接受，在业内业外普遍认同和接受的基础上，逐渐成为某个职业的道德传统和习惯。

第三，职业道德既调节从业人员的内部关系，也调节从业人员与其服务对象之间的关系。从调节的范围来看，职业道德将在从业人员从事活动时发挥作用：一方面它用来调节从业人员的内部关系，增强职业、行业内部人员的凝聚力；另一方面，它用来调节从业人员与其服务对象之间的关系，用来塑造本职业从业人员的形象。对于职业以外的人员，职业道德并不具有约束力。

第四，职业道德既能使一定的社会或阶层的道德原则和规范"职业化"，又能使个人道德品质"成熟化"。从产生的效果来看，职业道德是维护职业信念和尊严的基础，职业道德与职业生活相结合，有利于从业人员形成相对稳定的职业心理和职业习惯。各行各业都构筑良好的职业道德，所有从业人员

---

① 陈大伟. 教师职业道德［M］. 北京：高等教育出版社，2015.

都遵循职业道德，有利于提升社会整体的道德水平，促进社会经济的稳定发展。

（三）教师职业与职业道德

教师职业道德是伴随着教师这一行业或者社会角色的出现而出现的职业道德，它是教师角色道德和行业道德，是教师在从事教育活动过程中形成的比较稳定的道德观念、行为规范和道德品质的总和，是教师角色道德和行业道德的总称，是一定社会对教师职业行为的基本要求和概括，是调整教师与学生、教师与教师、教师与集体、教师与社会之间关系的行为准则，是教师和一切教育工作者在从事教育活动中必须遵守的道德规范和行为准则。

教师职业道德是指教师在其职业生活中，调节和处理与他人、与社会、与集体、与职业工作关系时应当遵守的行为规范或行为准则，以及在这基础上所表现出来的观念意识和行为品质。上述概念揭示了以下两点：一是教师职业道德的独特性，这说明了它是教师这一职业所特有的，是与教师这一职业密切联系的专门性道德；二是教师职业道德的基本内涵，这说明教师职业道德不仅是教师在职业生活中所应遵循的行为规范或行为准则，还包括教师在规范或准则中形成的观念意识和行为品质。

教师是人类最古老的职业之一。自古以来教师就是人类文明的重要传递者与创造者。随着历史的进步和学校教育的发展，教师经历了从兼职到专职、从专门到专业的转变。自从人类社会进入现代社会以来，各国对教师职业的专业性认识不断加深拓展，教师职业的专业化发展已成为全球的共同趋势。1993 年我国制定《中华人民共和国教师法》，明确了教师的角色定位和职业性质："教师是履行教育教学职责的专业人员，承担教书育人、培养社会主义事业建设者和接班人、提高民族素质的使命。"教师职业的专业性，教师职业对社会的发展、民族素质提高的使命，第一次以法律形式被强化，从而使教师职业有了基本的法律依据。

教育家徐特立认为，教师不仅是一个有学问的人，也应是一个道德模范人物；教师不仅要教学问，还要教行为，教怎样做人。他明确提出，教师应是经师与人师的合一。作为经师，教师不仅要学问渊博且有独到体悟，还要善于不断学习和更新，善于把自己的所得所悟转化为学生的知识和体验；作为人师，教师应是道德高尚、人格健全、善于生活、爱岗敬业的人，并且要善于启发引导学生形成良好的思想品德、积极的生活态度以及做人处事的生活智慧。

经师与人师作为教师职业的基本要素，两者是相辅相依、互生互成的关系。教师在知识学问和教育教学方面的探求，有助于提升其道德觉悟与人生境界，也有助于提高其对学生进行道德品行和生活智慧教育的实效性。教师在道德情操方面的修养又为教师人格魅力的提升和职业生活审美化创造了条件，有助于教师在学问钻研和教书育人的活动中不断跃升到新的境界。从对教师职业的专业性内涵和教育活动构成要素的分析来看，教师职业的基本特点主要体现在以下几点。

1. 教师职业的创造性

教育是一个培养人才的过程，教师的职责是培养富有创造精神的人。教师职业实践的对象是人，对于中小学教师而言，中小学生都是发展中的未成年人，他们在各方面都不成熟不完美，但有巨大的潜能，而且，相互之间存在着个性差异。因此，中小学教师在教育实践中只有根据学生的本质属性，创造性、灵活性地组织教育教学活动，才能促进每个学生全面健康而有个性地发展。在整个职业生涯中，每位教师都可以用各自独特的方式来诠释教育，这是个既科学又艺术的命题。

2. 教师职业的示范性

教师劳动与其他劳动最大的不同点在于教师主要用自己的思想、常识和言行，通过示范的方式去直接影响劳动对象。教师本人是学校里最重要的师表，教育理论与教育实践研究是最直观、最有教益的模范，是学生最鲜活的榜样。关于教育理论与教育实践的研究共同表明，教师的人格魅力是教师工作的重要手段，这也是教师职业与其他社会职业的重要区别之一。

在教育过程中，每位教师的人格修养、言行举止都对学生产生着无声而重要的影响。对于学生来说，相较于父母家人和其他社会成员，教师提出的要求更具有权威性。而且，学生的模仿性强，教师通常会成为学生效仿的榜样。对于学生的成长来说，教师在"以身立教、为人、个人兴趣爱好、价值取向、工作方式"等方面具有示范性作用。也正因为如此，自古总结的为师之道，就有"以身立教，为人师表"，直到今天，这句话仍是中小学教师基本的职业道德规范之一。

3．教师职业的道德性

早在唐代，韩愈就提出"师者，所以传道、受业、解惑也"的教师职业定位，也曾以"道之所存，师之所存焉"的判断表达了对"师"与"道"的依存关系的认识。其实，从教师职业实践活动的构成要素来看，教育活动的主体与对象都是人，而且，教育的本质在于通过教师群体的劳动，有目的地培养社会所需要的人才。因此，在教育过程中必须坚持以人为本，必须追求教育的社会工具价值与育人价值、发展价值的共同实现。这就意味着在教育过程中必须讲求基本的伦理精神和道德规范，即教师应有社会责任意识，富于专业理性，须以智慧、热情和宽容之心构建良好的师生关系、教师同伴关系以及家校关系等。教师还要认识到维持以师生关系为核心的各种人际关系和谐的重要性，因为它不仅是教育教学活动的背景，而且直接影响教育教学活动的过程与结果，尤其在新课程背景下，教师应视之为重要的隐性课程资源，应充分认识它对学生的人际交往的潜移默化的影响。

4．教师职业的长期性、长效性

十年树木，百年树人。较之于其他社会职业，教师劳动成果的推出，即合格人才的培养是一个更长期的过程。因为教师必须在遵循学生身心发展规律的基础上，促进学生身心各方面的不断发展。其间，教师不可拔苗助长，必须铭记"欲速则不达"的常理。另外，许多学生思想品德发展过程中的具体问题往往很难一次解决，常会出现反复，需要教师运用集体智慧和个人创造性，做耐心、深入而持久的教育工作，而且，这一系列的工作往往难以收到立竿见影的效果，因此具有长期性。从教师劳动的终端结果看，学生一旦参与到社会的发展建设中，成为社会上的有用之才，他们的作为和所创造的社会价值都直接或间接地体现着教师的劳动价值。因此教师的劳动又具有长效性，影响着学生的终身发展，进而也影响着整个社会的持续进步。

教师职业道德，是教育生活领域中的道德，所以也被称为"教育道德"；因其是对教师要求的道德，所以又称为"师德"。教师职业道德反映了社会道德的要求，同时针对教师职业活动领域各种关系提出了规范要求。

教师职业道德是教育实践中处理各种关系的行为准则。正如人们所认为的那样，教师职业道德源于教师的职业实践，是调整各种教师职业关系的行为准则的总称。在教师的职业活动中，不管其意识到与否，都客观地存在着这样或那样的职业关系。从教师职业活动内部看，"教师的职业关系有四种基本类型，这就是教师与教育事业的关系；教师与学生的关系；教师与其他教师及教师集体的关系；教师与学生家长及其他相关人员的关系"。

综上所述，从教师的社会责任来看，师德具有全局性；从教师的社会地位来看，师德具有超前性；从教师职业及个人素质来看，师德具有导向性；从教师的人格评价来看，师德具有超越一般职业的示范性。教师职业道德的特点可以概括为道德意识的自觉性、道德行为的示范性、影响结果的深远性。教师职业道德的教育专门性指教师职业道德对教育善恶的专门体现性和对教育的专门适用性。教师职业道德体现教书和育人要求的一致性。

苏联教育家苏霍姆林斯基告诫教师："请你记住，你不仅是自己学科的教员，而且是学生的教育者、生活的导师和道德的引路人。"教师职业道德内容的全面性包括职业理想、职业态度、职业责任、职业技能、职业规范、职业良心、职业作风、职业情操等，教师职业道德功能的多样性则包括职业工作的精神动力、人际关系和利益关系的调节、言行示范的自觉性等。

二、　教师职业道德特性与内容

教师职业道德是教师在其职业生活中调节和处理与他人、与社会、与集体、与职业工作关系所应遵守的行为规范或行为准则，以及在这些方面所表现出来的观念意识和行为品质。一方面，教师职业道德是教师这一职业所特有的，是与教师这一职业密切联系的专门性道德，教师职业道德来自教师行业本身。另一方面，教师职业道德的基本内涵，不仅是教师在职业生活中所应遵循的行为规范或行为准则，还包括教师对规范或准则的内化和实践，以及由此形成的观念意识和行为品质。

教师职业道德和社会公德既相互联系又相互区别。教师职业道德是社会公德的重要组成部分，是社会公德在教师职业领域中的特殊表现，教师职业道德价值根植于社会公德的基础上，社会公德对教师职业道德起支配和制约的作用，教师职业道德表现并影响着社会公德。

二者的区别主要在于：

一是社会公德是人们在社会生活中形成的最一般、最普遍的善恶标准和观念，教师职业道德则是教师职业活动中特有的善恶标准和观念。

二是二者产生的时间和发展均有所不同。社会公德随着人类社会产生而产生，教师职业道德是在脑体分工、教育作为一项专门活动出现以后才产生的；社会公德随着社会整体发展而发展，教师职业道德虽然也随着社会发展而发展，但主要是随着教师这一职业领域和职业活动的发展而发展的。

三是相比较而言，社会对教师的职业道德要求更高、更全面。

四是与其他行业道德比较，教师职业道德影响更深远，更深刻，对下一代公民的社会公德塑造更直接。①

教师职业的专业性、道德性都决定了教师在职业生活中必须深刻领会道德意蕴，每个选择了教师职业的人，都必须在工作中全面把握并自觉履行教师职业道德规范。

（一）教师职业道德的特性

从本质意义上说，教师职业道德与一般道德或其他行业道德不存在本质

---

① 陈大伟. 教师职业道德［M］. 北京：高等教育出版社，2015.

内涵的差异。所谓道德，是指以善恶为标准，依靠社会舆论、传统习惯和人们内心信念的力量来调整人们之间相互关系的行为原则和规范的总和。教师职业道德则是从事教师职业的人应当遵循的行为准则和规范的总和，是一般社会道德在教师职业中的特殊体现。它是教师行业的特殊道德要求，是调整教师与学生、教师与学校、教师与国家、教师与社会关系的行为准则。它从道义上规定了教师在教育过程中应该以什么样的思想情感、态度和作风去待人接物，处理问题，履行教书育人的职责，为社会尽职尽责。正是教师职业具有的特殊性，决定了教师职业道德所具有的基本特性：导向性、全局性、高层次性和发展性。

1. 教师职业道德的导向性

学校是培养人的专门场所，教师是学校教育的主导者，教师职业道德则是学校办学、教师坚持正确的职业方向的保证。教师职业道德规范了教师的职业行为，对新任教师的入职教育具有指导作用，对入职后教师的自我完善、专业成长也具有导航作用。同时，有助于教师自觉自律地规范自身在职业实践中的知、情、意、行，不断提升专业素养，增强人格魅力。

2. 教师职业道德的全面性

首先，教师职业道德对于教师群体的要求是一致的，全体教师都必须履行教师职业道德的基本规范，这是作为教师承担其职业角色的必要条件，这就意味着个别不能履行教师职业道德规范的教师只能选择离开教师队伍。当然，我们不否认教师群体在努力追求共同的教师职业道德的最高理想中，不同教师个体间存在着职业道德修养水平的差异，但是必须确保全体教师统一的职业道德修养的基准达标。其次，教师职业道德虽然是对教师提出的从业要求，但是，教师个体的道德实践过程是统一于教育教学活动过程的，因此，教师队伍整体的职业道德修养过程与状态，直接影响着一批又一批学生的学习与发展。最后，教师通过培养一代又一代的新人，对社会产生的影响也是全局性的、深远而持久的，因此有一代师德、一代民风之说。

3. 教师职业道德的高层次性

从教师承担的提高民族素质，为社会主义事业培养建设者和接班人的重要使命来看，教师必须做到"学为人师，行为世范"，否则就无法完成这一社会使命。根据教师职业的专业性内涵，教师必须经受专业训练，确立服务意识，在职业实践中恪守职业道德，以自身的知识、智慧、人格来启迪学生的智慧，陶冶学生的情操，塑造学生的心灵。相对于其他行业道德而言，教师职业道德能引起社会更广泛的关注和更高的期望，教师有无限接近最高道德标准的责任。但是，这并不意味着教师职业道德高不可攀，从其基本规范的要求来看，它首先有基础性，是每位教师通过努力都可以达到的；其次，教师应志存高远，在教师职业道德的修养中执着追求最高的理想境界，严谨自律，以身立教，为人师表，所谓"选择了做教师，就选择了高尚"说的就是这个道理。

4. 教师职业道德的发展性

教师职业的专业化发展，不仅意味着教师职业的专业性要求不断提升，同时意味着教师的个体素质应当不断提高。这就说明对教师的职业道德要求，也是随着社会发展和时代进步而不断发展的。回顾历史，我们可以清晰地看到，在不同的社会历史时期，人们对教师应守之"道"的认识和理解是不断变化发展的。就 2008 年教育部修订的《中小学教师职业道德规范》来看，其基本内容继承了我国的优秀师德传统，并充分反映了新形势下经济、社会和教育发展对中小学教师应有的道德品质和职业行为的基本要求。简言之，规范是传承与创新的成果，表明了教师职业道德的发展性。

教师职业道德是随着教育的发展而发展的。春秋以前，教师职业道德虽然已经出现，但很不系统，往往夹杂于政治道德之中。春秋时期，孔子办私学，广收门徒，创立了许多有关教师职业道德方面的理论，这在《论语》一书中集中地反映了出来。其中较为著名、对后世影响较大的有"默而识之，学而不厌，诲人不倦，何有于我哉"，体现了一种有关"学""诲"的师德；"其身正，不令而行；其身不正，虽令不从""不能正其身，如正人何"体现了一种"以身作则""言传身教"的师德。此外还有热爱学生、有教无类、不耻下问、知过而改、因材施教、循循善诱等有关教师职业道德方面的著名言论，形成了我国教育史上第一个教师职业道德规范体系。孔子而后的百家争鸣时期，荀子、墨子、孟子等对教师职业道德体系进一步进行了完善。如荀子在强调教师要以身作则的同时，又提出了教师须具备的四个条件："尊严而惮"（即要有尊严的威信），"耆艾而信"（即要有丰富的阅历和崇高的信仰），"诵说而不陵不犯"（即要有透彻地讲授儒家经典的能力），"知微而论"（即能钻研和精通经典并且善于阐发微言大义），这在德行、信仰、能力、知识等方面对教师提出了更高的要求。汉代的董仲舒所说的"善为师者，既美其道，又慎其行"，对教师的道德品质、知识才干、言谈举止等提出了要求。唐代韩愈将师德列于对教师要求的首位，云："弟子不必不如师，师不必贤于弟子，闻道有先后，术业有专攻，如是而已。"宋元明清时，许多学者又对教师的职业道德做了进一步的拓展。如朱熹提出把"博学""审问""慎思""明辨""笃行"作为教师的道德规范。明末清初的王夫之则认为"德以好学为极"，"欲明人者先自明"。

新时代的教师是人类灵魂的工程师，担负着培养共产主义接班人的艰巨而光荣的任务。新时代的教师职业道德批判地继承了古代师德的优秀遗产，以共产主义道德的基本原则和行为规范为指导，区别于以往的教师职业道德，是最先进、最高尚的教师职业道德。

（二）教师职业道德的内容结构

1. 从教师职业的基本伦理关系来划分

从教师职业包含的基本伦理关系来看，教师职业道德的内容结构主要分为三个层面：教师对社会与国家、对教育工作和学生以及对自身发展的责任。

一是教师对社会、对国家的责任。

教师是教育者，也是普通公民。人民教师要为社会尽职尽责，实现教育的社会价值，就必须充满对祖国、对人民的爱，坚守一分理性与责任，拥护中国共产党的领导，拥护社会主义事业，遵纪守法，努力贯彻执行国家的教育方针，忠诚于党和人民的教育事业。

二是教师对教育工作、对学生的责任。

教师在教育实践中必须保持高度的专业理性和热情，尊重和信任学生，积极与学生沟通交流，充分了解学生，忠于职守，爱岗敬业，自觉履行教书育人的基本职责，在不断探索创新中，实现并提升师生双方的生命价值。

三是教师对自身发展的责任。

教师要不断提升专业水平，努力成为独具风格的教育家。教师必须志存高远，确立终身学习的理念，不断学习更新、不断完善自我。在教育工作中，教师要建立专业自信，享受职业尊严。在对职业理想的执着追求中，教师要自觉感悟教育的科学性与艺术性，体验实现自我价值的快乐与幸福，对自身发展负责。

2. 从教师职业道德修养的角度来划分

有学者从教师职业道德修养角度提出了教师职业道德的内容结构，认为教师职业道德修养的内容包含两个方面：一是职业道德意识修养，二是职业道德行为修养，具体表现为职业道德理想、知识、情感、意志、信念和行为习惯六个方面。

一是树立远大的职业道德理想。

树立职业道德理想是职业道德要求的重要组成部分。有了崇高的职业道德理想才能产生模范遵守职业道德的行为，职业道德理想是社会理想在职业选择和实践中的具体体现，在人们的社会生活中占有重要位置。

确立崇高的职业道德理想，要做到以下几点：一是要把个人志愿与社会需要结合起来；二是要正确处理教师职业选择与教育才能的关系；三是要正确看待教师的社会地位和待遇；四是要正确看待教师工作的苦与乐。

只有做到这些，教师才能树立崇高的职业道德理想，忠于人民的教育事业。职业道德理想体现了教师职业道德要求的本质。

二是掌握正确的职业道德知识。

职业道德知识是指人们对于客观存在的职业道德关系以及处理这种关系的道德原则、规范的认识。它包括职业道德观念的形成和职业道德行为判断能力的提高。学习和掌握教师职业道德知识是提升教师职业道德修养的首要环节和最初阶段。职业道德知识是职业道德情感产生的依据，是职业道德意志锻炼的内在动力，是决定职业道德行为倾向的思想基础。

事实证明，在教师职业活动中，有些人之所以出现违反职业道德的不良行为，其重要原因之一就是缺乏对教师职业道德的基本认识，缺乏起码的教师职业道德评价与选择能力。加强教师职业道德修养，提高教师职业道德认识水平，首先要从教师职业道德理论、原则和规范的基本知识的学习入手，其次要把职业道德理论学习和职业道德实践紧密地结合起来，在具体的教育活动中促进其职业道德认识水平的提高。

三是陶冶真诚的职业道德情感。

职业道德情感是指人们对现实生活中职业道德关系和职业道德行为的好恶情绪，如人们通常对高尚的职业活动产生敬仰和尊重之情，对违反职业道德的行为产生愤恨和憎恶之感。教师只有培养起真诚的职业道德情感，才会真正从内心热爱自己所从事的职业，潜心钻研业务，尽职尽责地做好本职工作。

教师职业道德情感包括以下几方面内容：

①职业正义感。职业正义感是最基本、最高尚的道德情感。它要求教师以公正平等的态度来处理人与人、人与社会之间的职业道德关系，维护国家、集体和人民群众的正当合法权益，同一切危害国家、集体和人民群众利益的行为做坚决的斗争。

②职业责任感。职业责任感是教师在职业道德活动中形成的对他人或社会应负责任的内心体验和道德情感，它既是职业道德行为的出发点，又是激发教师实现某种职业道德目标的动力。

③职业义务感。职业义务感是教师在履行自己职业责任的过程中产生的一种使命感。职业义务是社会道德义务的一部分，是社会道德义务在人们职业活动中的体现，是劳动者对本职工作、他人和社会所承担的道德上的使命和义务。教师只有具备强烈的职业义务感才能真正热爱工作，否则就会敷衍塞责。

④职业良心感。职业良心感是教师对自己的职业道德行为、自己同他人及社会职业道德关系的自觉意识和自我评价，是一种对职业关系和职业活动

是非、善恶的内心体验。它是教师职业责任感和义务感的发展，并与教师对职业道德行为的选择和职业道德实践紧密相连。职业良心对教师的职业活动具有重要的调节作用。

⑤职业荣誉感。职业荣誉感是教师自觉承担职业道德责任、履行职业道德义务之后，对社会因此而给予的肯定评价和褒奖赞扬所产生的喜悦和自豪等情感体验。职业荣誉的衡量不是以个人的财产、特权和地位为标准，而是以对人民、对社会进步事业所做出的实际贡献为标准。教师履行好自己的职责和义务便能受到社会的赞许和尊敬，就能得到崇高的职业荣誉。教师职业所提倡的职业荣誉是同正直、谦虚的美德结伴同行的，它排斥一切虚假和伪善。

⑥职业幸福感。职业幸福感是教师在履行职业责任及其义务、获得职业荣誉之后所产生的一种自我满足和愉悦的情感体验。它是教师从事职业活动最强大的精神动力和根本目的。教师应把参加职业活动，履行职业责任和义务视为自己生存发展的首要条件，并以此获得实实在在的职业幸福。每个教师都应该摒弃利己主义和享乐主义的人生观。

四是磨炼坚强的职业道德意志。

职业道德意志是人们在履行职业道德责任和义务的过程中所表现出来的克服困难和排除障碍的能力和毅力。它是职业道德行为能够持之以恒的重要精神力量，也是职业道德观念内化为人们职业道德品质的重要因素。它一方面表现在人们的道德意识活动中；另一方面表现在人们能够排除各种困难和阻力，坚定不移地执行由职业道德动机所决定的职业道德行为中。

是否具有坚强的职业道德意志是衡量教师职业道德素质高低的重要标志。只有道德意志坚强的人才能有力地控制自己的道德情感和道德行为。教师职业道德意志是产生职业道德信念和养成职业道德行为习惯的前提条件，是职业道德知识和情感转化为职业道德信念和行为的重要环节，也是培养教师良好职业道德品质的必要条件。

五是确立坚定的职业道德信念。

职业道德信念是人们对职业道德理想和职业道德规则现实性、正义性的深刻而有根据的笃信，以及由此产生的对自己履行职业责任和义务的真诚信奉。它是正确的职业道德知识、真诚的职业道德情感和坚毅的职业道德意志的"合金"，也是形成职业道德行为的强大动力和精神支柱。

只有形成坚定的职业道德信念，人们的职业道德情感和意志才具有稳定性和一贯性，人们的职业道德行为才有坚定性。人们一旦牢固地树立了某种职业道德信念，就能以持之以恒、坚忍不拔的精神和对工作精益求精的态度始终不渝地遵守职业道德规则，履行自己的职责和义务，并以此为标准去鉴定、评价自己和他人职业活动的是非与善恶。

六是养成良好的职业道德行为习惯。

职业道德行为是指人们在一定的职业道德知识、情感意志、信念支配下所采取的自觉行动。职业道德行为的最大特点是自觉性和习惯性。被迫的行为即使有良好的效果，也不能算是道德行为，真正的道德行为往往带有习惯性。职业道德行为是衡量人们职业道德品质好坏、道德水平高低的客观依据。提升职业道德修养的最重要环节就是把职业道德原则和规范贯彻落实到职业道德行为之中，做到言行一致，知行统一。人们的职业道德知识、情感意志毕竟都是主观的东西，只有将其贯彻并体现在人们的职业道德行为中才具有现实意义。

提高教师职业道德修养的最终目的是养成良好的职业道德行为习惯，使教师在没有任何人监督的条件下也能长期自觉地按照职业道德原则和规范办事，积极主动地选择善良的职业道德行为，避免和杜绝邪恶的道德行为。善良的职业道德行为习惯不是偶然的、短暂的举措，而是自然而然、习以为常的行动，它标志着教师的职业道德修养已经达到了较高的境界。

三、 教师职业道德范畴[①]

韩东屏认为："道德规范系统的纵向结构大致可由下至上区分为三个层

---

① 陈大伟. 教师职业道德［M］. 北京：高等教育出版社，2015.

级，即道德准则、道德范畴和道德原则。它们一方面各有各的特点与作用，另一方面相互之间存在着蕴含与派生的逻辑关联。"本专题主要讨论教师职业道德范畴和教师职业道德原则。

广义上的教师职业道德范畴是指反映和概括教师职业道德现象的特征、内容和关系的本质的基本概念；狭义上的教师职业道德范畴，是指那些反映教师个人与社会、教师个人与他人之间最本质、最主要、最普遍的道德关系的概念，主要包括教师义务（责任）、教师良心、教师公正、教师荣誉等。

（一）教师义务

马克思曾经指出："作为确定的人，现实的人，你就有规定，就有使命，就有任务。至于你是否意识到这一点，那都是无所谓的。"所谓承担义务，就是承担应当承担的任务，完成应当完成的使命。它既表明这是个人对社会和他人承担的责任，也表明这是社会和他人有权对个人行为提出的某个方面或某种程度的要求。

檀传宝认为，教师的义务包括一般道德义务和教育道德义务两个方面。作为普通道德生活的主体，教师有在日常生活中遵守诺言、偿还债务、扶贫济困等一般道德义务；同时，作为一个特定职业主体，教师又有属于教育本身的一些教育道德义务。教师工作的特性之一是教师本身就是教育的中介或工具，其劳动特点决定了教师必须正确面对两类义务：首先，教师必须比一般人更严格地履行一般道德义务，只有这样，他才能成为真正的道德榜样，成为真正的教育主体；其次，教师更应当严格地履行教育道德义务，努力完成教育任务。

对于教师的义务，2009年修正的《中华人民共和国教师法》（以下简称《教师法》）规定：教师应当履行下列义务：（一）遵守宪法、法律和职业道德，为人师表；（二）贯彻国家的教育方针，遵守规章制度，执行学校的教学计划，履行教师聘约，完成教育教学工作任务；（三）对学生进行宪法所确定的基本原则的教育和爱国主义、民族团结的教育，法制教育以及思想品德、文化、科学技术教育，组织、带领学生开展有益的社会活动；（四）关心、爱护全体学生，尊重学生人格，促进学生在品德、智力、体质等方面全面发展；（五）制止有害于学生的行为或者其他侵犯学生合法权益的行为，批评和抵制有害于学生健康成长的现象；（六）不断提高思想政治觉悟和教育教学业务水平。

（二）教师良心

古罗马的西塞罗（Marcus Tullius Cicero）说："对于道德实践来说，最好的观众就是人们自己的良心。"从根本上说，道德的约束力量来源于自己的良心。斯多葛派认为，良心是"人内在的神"。

在黑格尔看来，"良心"的出现，预示着一个人的心和所有人的心的同一，良心即所谓"德"。道德意义上的良心，是指主体对自身道德责任和道德义务的一种自觉意识和情感体验，以及基于此而形成的对于道德自我的道德活动进行评价与调控的心理机制。良心由深刻的道德认识、强烈的道德感情和坚强的道德意志三种因素构成，是知、情、意的有机统一。

教师的教育良心首先表现为教师对个人教育责任的认知，也就是知道自己是干什么的，自己该做什么和不该做什么；其次，这是一种情感体验，具体包含无视责任、放弃责任所带来的愧疚和履行责任带来的心灵平静与满足；同时，它也是一种克服困难、承担教育责任的勇气和意志力。卢梭说："在我们的灵魂深处生来就有一种正义和道德的原则，尽管我们有自己的准则，但我们在判断我们和他人的行为是好或是坏的时候，都要以这个原则为依据。我把这个原则称为良心。"

良心的作用在教师职业道德方面主要表现为：

一是指导作用。教师在做出某种教育行为时，要依据履行教师义务的道德要求，对行为的动机进行自我检查，对符合道德要求的动机予以肯定，对不符合道德要求的动机进行抑制或否定，从而做出正确的决定。

二是监督作用。在教育教学工作过程中，教师的良心对自己的行为进行着自我监督，对符合教师道德要求的意志和信念予以激励和坚持，对不符合教师道德要求的情感和欲念予以消除。

三是评价作用。教师良心充分发挥作用主要是在教育行为之后。因为只有在教育行为之后，才能从实际的教育效果及影响中，得到全面而深刻的认识，从而做出良心上的评价。良心的评价作用方式主要有两种：一是直觉，二是理智。良心的直觉作用主要是指良心通过无形的力量使人的行为沿着一定的道德轨道进行。良心的理智作用则以"自己跟自己打官司"的形式充当内在法庭，发挥检验和评价的作用，对履行了道德义务的后果和影响，内心感到满足、欣慰和高兴；对没有履行道德义务的不良后果和影响，表现出内疚、惭愧和悔恨。

（三）教师公正

人们都是向往和追求幸福的，赵汀阳指出："幸福原理所处理的首先就是每个人与自己的关系问题，即如何善待自己的问题。要保证幸福生活，我们还需要用另一个原理来处理人与人之间的关系问题，这就是公正原理。"[①] 幸福原则和公正原则是伦理学的基本原则，"幸福原则表明的是一个人怎样做一个人，而公正原则表明一个人怎样对待一个人"[②]。公正是体现人格尊严、实现人的价值的不可或缺的前提。作为社会生活的基本需要，社会愈是进步，人们对公正的内在需求愈是强烈。在众多社会公正问题中，教育公正至关重要：一方面，教育公正是社会公正的重要内容；另一方面，教育公正是社会公正的基础，教育在提升竞争能力、实现人的纵向流动方面具有重要作用，具有保障起点公正的意义。

简单地说，公正就是"公平"和"正义"。它是处理人际关系的基本伦理原则。具体地说，公正必须体现出如下三个特性：

一是对等性，也就是对人、对己要一个规则、一个标准，不能对人一套，

---

① 赵汀阳.论可能生活：修订版 [M].北京：中国人民大学出版社，2004：162.
② 赵汀阳.论可能生活：修订版 [M].北京：中国人民大学出版社，2004：162.

对己一套；对待他人要一视同仁，不带偏见。在古希腊神话中，正义女神的形象是手持天平，蒙住双眼。她手中的天平不倾斜，意味着正义与公平；她蒙住双眼，意味着不带任何偏见。

二是可互换性。也就是在责任和利益分配面前，当事者可以互换位置并愿意接受。"己所不欲，勿施于人"就是一种心理互换、达成公平的思维方式。"假如我是孩子""假如我是家长"等角色互换、心理互换将使我们更加公正地思考和处理彼此相处的问题。

三是最终价值判定的依赖性。判断一件事情是否公正的价值依据，"一是看它是否有利于社会的发展，二是看它是否有利于个体的幸福。当然，这两个根据本身又是统一的。由于幸福本身的价值性、利他性，又由于社会发展的终极目的仍然是个体的幸福，所以最终的依据应当是看这一标准是否真正有利于主体幸福的实现"[1]。真正的公正应该有利于促进和实现相关主体的幸福。

教师的公正是指教师在自己的教育活动中对待不同利益关系所需要的公平和正义。上海师范大学曾对 4 500 名学生进行过一次调查，结果有 84% 的被试认为"公正"是"教师工作重要的职业品质"；92% 的被试认为，"偏私和不公正"是"最不能原谅的教师品质缺陷"[2]。"老师必须维持教室里的秩序，但千万别忘记纪律的基本真理：老师可以严格，但不公平的老师会被学生看不起。惩罚必须和'罪行'相称，然而现实往往并非如此。只要孩子们看见你赏罚不公，你就失去人心了"。美国伦理学家约翰·罗尔斯（John Rawls）说："正义是社会制度的首要价值，正像真理是思想体系的首要价值一样。"公平、正义原则是教师职业道德的基本原则。

教师公正表现在教师自身、教师与同事、教师与学生等人际关系之中，其中，公平、合理地对待和评价学生是最基本的要求。它包括在人格上给予学生平等的尊重，在学习上给予学生平等的机会和帮助指导，对学生的发展给予平等的、全面的关心，对学生的评价符合公认的道德准则。它要求教师

---

① 檀传宝. 教师伦理学专题［M］. 北京：北京师范大学出版社，2000：60.
② 檀传宝. 教师伦理学专题［M］. 北京：北京师范大学出版社，2000：60.

具有追求真理、伸张正义的内在的公正信念，在处事时正派公道、赏罚分明，在待人时一视同仁、不带偏见。

（四）教师荣誉

荣誉指一定社会或集团对人们履行社会义务的道德行为的肯定和褒奖，是特定的人从特定的组织和人群中获得的积极评价。个人因意识到这种肯定和褒奖所产生的道德情感，通称荣誉感。教师荣誉是社会组织和成员对教师履行教育教学义务的肯定和褒奖，教师因意识到这种积极评价而产生道德体验，进而获得荣誉感。

教师荣誉是推动教师履行教师职业道德义务的巨大的精神力量，在教师的职业活动中，正确的荣誉观具有非常重要的作用。首先，教师荣誉是教师道德行为的调节器，对教师的道德行为、品质取向具有导向和制约的作用；其次，教师荣誉是激励和推动教师积极进取，努力工作，更好地履行教师义务的助推器；最后，教师荣誉是促进教师自身道德发展，完善和形成良好师德风尚的重要精神条件。

提升教师职业荣誉感，一方面需要政府和社会把尊师重教落到实处，切实提高教师的地位，另一方面需要教师正确地对待和争取荣誉。具体包括三个方面：（1）调整价值取向，以教书育人、培育人才为荣；（2）珍惜教师荣誉，维护教师专业荣誉和尊严；（3）加强教育宣传，争取社会对教师工作的理解和支持。同时要不为名所累，潜心育人。

四、 教师职业道德原则[①]

道德原则是认识和处理个人利益和社会利益的基本原则，对人们的道德

---

① 陈大伟. 教师职业道德 ［M］. 北京：高等教育出版社，2015.

实践有重要的指导意义，是道德体系的核心。教师职业道德原则是教师在教育活动中的道德行为的指导原则，它主导着教师职业道德的全部规范，是教师职业道德体系的核心，对教师的职业活动具有普遍的指导性和严格的约束力。

教师在其职业活动中需要处理好各种各样的关系，在这方方面面的关系中，最核心、最根本的关系是师生关系。讨论教师职业道德原则必须围绕师生关系这个根本问题进行。在现阶段的教师职业道德原则中，应当特别关注以下原则：教育人道主义原则、教书育人原则、公平正义原则、为人师表原则、依法执教原则。这里着重讨论教育人道主义原则和教书育人原则，其余原则分散在其他章节探讨。

（一）教育人道主义原则

作为一种道德伦理原则，人道主义是针对非人道、非人性而言的；作为一种道德伦理精神，人道主义强调"人是目的"这一根本的道德原则，强调把"人"作为研究问题的出发点和归宿；作为一种道德实践的追求，人道主义主张以"人就是人"的眼光看待人和处理彼此之间的关系，它要求确认人的主体性地位，肯定个体的独立价值。尊重人的权利，维护人的尊严，保障人的自由，追求人的全面发展与自我完善，是人道主义原则的主要内涵①。

教育是一项培养人、促进人发展的社会事业，教育的主体和对象都是人，一切教育活动都是为了人、围绕人、依靠人而展开的，人是教育的核心和旨归。教育的本质内在地决定了教育必须关怀人，必须尊重人的价值、尊严、权利和自由，必须致力于人的不断发展与完善。教育人道主义存在的根据在于教育自身。

1. 教育要"把人当人看"

苏联教育家阿莫纳什维利说："首先要把他描绘成一个正在成长中的人，

---

① 王燕. 论教育人道主义及其价值追求 [J]. 江西教育科研，2007（1）：5.

一个有自己的多方面的生活的人，一个与周围的人们有着复杂关系的人……既然每一个儿童都是一个有着自己的独立个性的人，因而，只有在考虑他的实际生活经验，考虑他的快乐和悲伤、他的需求和志向、他的才能和期望等情况的条件下，我们才能了解他，才能使他成为乐意接受教育的人……最后，我还给自己提出了这样的任务：确定学校生活的人道主义和乐观主义的教育学原则。"[①] 教育人道主义原则要求教师"把学生当人看"，而不能当作物来对待。

首先，学生是有血有肉、有情感、有思维、有意志的"活生生的人"，教师要以"人"的方式来对待和教育学生，一方面要对学生施以人道的关怀，平等友好地对待学生；另一方面，要肯定学生个体存在的独立价值，尊重学生的人格尊严，保证他作为社会平等一员所应该享有的一切基本人权，教育的方式和手段应该是人道的、符合人性的。

其次，把儿童当儿童看，在人生的秩序中，每一阶段都有其存在的独特价值，儿童就是儿童，教师不能把儿童同成年人一样看待，一味地按照成人世界的标准来要求他们。教育要引导儿童珍惜童年，享受童年，使其有童年的回忆和快乐；教师要提高自己研究和发现儿童的专业素养。

最后，把学生当作具体的、有差异的个体来看待。"科学的人道主义反对任何鲜艳的、主观的或抽象的关于人的观点。科学人道主义所指的人是指一个具体的人，一个在历史背景中的人，一个生活在一定时代的人"[②]。每个学生都是世界上独一无二的个体，具有自己的独特性和不可重复性，教育不能无视差异或者试图消除差异，而是应该尊重学生的个体差异并将其作为资源来开发，这是对人的存在的丰富性和生动性的肯定，也是贯彻教育人道主义原则的深层体现。

---

① A. 阿莫纳什维利. 孩子们，你们好！[M]. 北京：教育科学出版社，2005：自序.
② 联合国教科文组织国际教育发展委员会. 学会生存：教育世界的今天和明天 [M]. 北京：教育科学出版社，1996：184.

2. 教育要"使人成为人"

只有受过恰当的教育之后，人才能成为一个人。首先，教师应当引导学生对所属社会的道德行为规范、价值观念和知识与技能进行系统学习与内化，使其不断地超越生物属性给予他的种种限制，进而从纯粹的自然生物性和狭隘的个人偏私性中解放出来，成长为一个既具有充分的社会性又具有丰满个性的真正的人。其次，教师应当帮助学生面向人生的可能与理想状态进行自我实现和自我完善。"教育的目的在根本上就是人的'自我实现'，是丰满人性的形成，是人种能够达到的或个人能够达到的最高度的发展"①。追求人性中所蕴含的丰富潜能的充分释放与发挥，使这些潜能达到所能达到的最高限度和最完满的境界，这是教育人道主义原则的更高追求和理想境界。

3. 教育要实现教育者自身的"成人"

教育人道主义原则关注的是教育过程中所有的人，教育者自身也同样需要以人道的原则来加以对待。只强调教育者对学生个体的尊重和关心及"成人"要求的教育人道主义是片面的，忽略教育者作为人的尊严与价值、发展与完善本身就是有违人道的。完整意义上的教育人道主义既强调学生以及教育过程中其他参与者对教育者的尊重与关怀，又强调教育者自身在教育过程中的自我发展与完善。

（二）教书育人原则

教师是从事教育教学工作、承担教书育人使命的专业人员。教书育人是教师的基本职责，也是教育规律的客观要求。我得承认，不存在"无教学的教育"这个概念，正如反过来，我也不承认有"无教育的教学"一样。教书育人原则指的是学校教师在组织教学活动的过程中，以教育内容为载体，传授给学生系统的科学文化知识，以自身的道德行为和魅力，言传身教，引导

---

① 彭运石. 走向生命的巅峰：马斯洛的人本心理学 [M]. 武汉：湖北教育出版社，2001.

学生寻找自己生命的意义，实现人生应有的价值追求，培养学生正确的审美观和健康向上的人格。

1. 按规律育人

只有遵循教育规律，尤其是遵循教育要适应年轻一代身心发展的这一基本规律，才能实现教育目的。学生的成长变化有其自身的生理运动规律、心理活动规律，教书育人既要遵循学科的内在规律，更要遵循学生的身心发展运动规律。比如：教育既要适应年轻一代身心发展的顺序性，循序渐进地促进学生身心的发展，也要适应年轻一代身心发展的阶段性，对不同年龄阶段的学生，在教育内容和方法上应有所不同，同时要适应不同学生身心发展的差异性，研究不同学生的身心发展特点和发展需求，因材施教，用发展的眼光看待学生，用多把尺子评价学生，不以分数作为评价学生的唯一标准。按规律育人需要遵循学习规律，充分调动学生学习的积极性，灵活采用不同的教学方法，循循善诱，努力让每个学生都参与其中，使他们成为教育教学活动的积极主体，帮助他们更好地实现自我发展。

2. 实施素质教育

素质教育依据人和社会发展的实际需要，以面向全体学生，全面提高学生基本素质，促进学生生动活泼发展为根本特征。实施素质教育是我国社会主义现代化建设事业的需要。在实施素质教育的过程中，教师须全面关心学生，促进学生健康发展，在教育教学中不仅要传授知识，开发智力，培养学生多方面的能力，提高学生的身心健康水平，而且要帮助学生提高思想觉悟，积极培育和引导学生践行"富强、民主、文明、和谐，自由、平等、公正、法治，爱国、敬业、诚信、友善"的社会主义核心价值观，培养学生的良好品行。教师要把思想教育与传授知识统一于"立德树人"的目的中，统一于教学内容的选择和组织、教学活动的设计和实施、师生交往和相互影响等整个教学过程中。实施素质教育要以培养学生的创新精神和实践能力为重点，努力为学生创设一个安全与宽松、平等与民主的学习环境，尊重学生的不同意见和观点，保护学生的兴趣和好奇心，激发他们的求知欲和创新精神，鼓励他们的批判行为和创造行为，培养他们的动手能力。

3. 教师要自觉提高教书育人的能力和水平

教书育人对教师的素养提出了较高要求，教师自身的素质直接影响着教书育人的效果。教师要加强学习、不断反思，对教书育人的实践问题进行深入研究，不断提高自己教书育人的能力和水平，以适应学生的变化和知识的更新，以及时代对教师教书育人所提出的更高要求。

五、 教师职业道德规范

（一）教师职业道德规范及其意义①

规范是一种约定俗成或明文规定的标准。道德规范是道德关系普遍规律的反映，是一定社会或阶级对人们行为和关系的基本要求的概括。教师职业道德规范是教师的道德行为和道德关系普遍规律的反映，是教师在教育劳动中调整同他人、同社会之间关系的道德行为和道德关系的依据，它是某个时期某一社会对教师道德行为和道德关系的概括。

教师职业道德规范在教师道德体系中占有突出的地位，它对于培养教师的职业心理，使教师形成特有的道德习惯、道德传统，以及推动教师的工作起着重要的作用。研制、颁布和宣传相应的规范，是教育管理部门和教育工会组织的职责。理解、认同和遵守《中小学教师职业道德规范》是中小学教师的责任和义务。遵守规范既是中小学教师获得教育行业、所教学生和学生家长，以及社会接纳、认同的前提，也是加强自身修养、不断取得专业成长

---

① 陈大伟. 教师职业道德 ［M］. 北京：高等教育出版社，2015.

和进步，从而取得教书育人成功的关键。

（二）新时期教师职业道德的基本要求

2018 年 1 月，中共中央、国务院联合印发《关于全面深化新时代教师队伍建设改革的意见》。它被称为里程碑式的政策文件，将教师的作用提到前所未有的政治高度。该意见指出："为决胜全面建成小康社会，争取新时代中国特色社会主义伟大胜利，实现中华民族伟大复兴的中国梦奠定坚实基础，现就全面深化新时代教师队伍建设改革提出如下意见。"《关于全面深化新时代教师队伍建设改革的意见》的基本原则是突出师德，把提高教师思想政治素质和职业道德水平摆在首要位置，把社会主义核心价值观贯穿教书育人全过程，突出全员全方位全过程师德养成，以促进教师成为先进思想文化的传播者及学生健康成长的指导者。

第二章

师德师风问题与对策

师德建设是教师队伍建设的重要内容，师德标准是衡量教师队伍建设的第一标准。教师应该以较高的道德标准规范自己的言行。然而，师德内容也是随着时代的变化而不断变化的。师德建设也应该与时俱进。

一、　师德建设面临的挑战

在新的历史时期，我国师德建设面临的挑战主要表现在两个方面。

一是广义的师德建设问题。

师德问题虽然发生在教育领域，但师德本身也可能是整个社会一般道德的反映，或者说是社会道德水平在教育领域的一种反映。整个社会遇到的道德挑战，教师群体也会遇到。一些过去不会遇到的道德议题，现在也已经出现在教育领域，如移民问题、环境问题、不同性别取向问题等，这都是社会生活与教育领域不能回避的问题。面对这些道德议题，教师在教学过程、课堂情境中如何言传身教，对他们都是一个新挑战。实际上，一般社会道德问题有时也会转换成师德问题，这就要求教师直面新问题，通过终身学习了解如何应对。

二是狭义的师德建设问题，即师德本身的建设问题。

首先，师德建设如何才能告别没有研究、基本依靠经验立法的做法？如何才能比较专业地进行师德建设？比如科学把握教师道德要求高与低的关系、如何将师德要求与教师权利保护相结合等，都需要我们进行专门研究。应该说，我们现在的师德建设并不十分令人满意，师德规范基本上处于经验阶段，很少有专业性的思考。

其次，党的十九大报告中提出的人民日益增长的美好生活需要也包括教师自身的美好生活需要。如何将师德建设成为教师愿意的、受教师欢迎的、让教师认为是自身的内在需求，对今天的中国社会来说非常重要。任何价值观要想真正确立起来，都必须通过情感这一关。

孔子曰："古之学者为己，今之学者为人。"如何让师德建设变成教师群体的追求，让师德建设"长"在教师的身上，让教师自己修养师德，追求幸福生活，这是当前我们面临的一个重要挑战。实际上，我们并没有多少得力的措施促进教师自觉自愿地修养师德，往往采取训话式的，依靠外在、强制的方式建设师德。唯有将整个社会对师德的要求变成教师自身的内在要求，师德建设才能大有希望。当教师能够理解师德建设本身是自己从教育事业中获得意义感的一个非常重要的条件时，他就会比较乐意地遵守师德。

我们不能让害群之马混迹于教师队伍中。当前的教育实践中，已经出现一些令人不堪的师德问题，特别是那些恶性的、有损师德的事件，比如连幼儿园的小朋友都不能得到合乎人性的呵护、最底线的对待，这是不能被原谅的！虽然我们不能基于这些个案认定中国教师群体的师德一定存在什么大的问题，但可以肯定地说，这样的恶性事件哪怕有一例都是不能容忍的。当然，我们不能因为师德问题个案丑化教师队伍。任何一个行业都会有个别的败类，教师队伍也是如此。但是目前社会上存在着一种不好的倾向，即对于教师队伍中师德败坏的个案夸大其词，以局部代替整体，丑化、黑化教师队伍，对教师的社会形象造成了恶劣影响。改善教师的社会形象当然需要教师强化师德建设，但是社会能够公正地对待教师，也是非常之重要和必要的。

总之，我们的教师队伍需要加强师德建设，教师应该以较高的道德标准规范自己的言行，但是师德标准不能沿袭传统的观念，将教师道德化，要求教师甘于清贫，无私付出。用严格的道德标准要求教师，却不能以社会公德约束自己，甚至公然诋毁教师队伍，这是不道德的。

二、 师德建设中存在的问题[①]

某杂志上刊登的一篇《我们需要什么样的师德》的文章叙述了作者参加某地区师德标兵报告会的过程与感受，这位作者概括了师德标兵的共同特点

---

① 陈玉祥. 教师职业道德［M］. 南京：南京大学出版社，2016.

有三：一是身体不佳，个个处于亚健康状态，有的甚至身患重病；二是没有生活乐趣，除了工作还是工作；三是有"六亲不认"之嫌，当家人需要帮助时，他们毅然坚守岗位。最后，作者归纳自己的感受是"辛酸"二字。这篇文章所反映的困惑有一定的代表性。它向我们提出了"师德标兵为什么没能成为学习楷模"的问题，引发了我们对师德新境界、新内涵的探讨。从作者的认知探讨问题的症结，可以发现其中包含着"不理解和不接受"两层因素，下面我们就以"不理解和不接受"为切入点探讨师德建设中存在的问题。

（一）"一刀切"的要求

我们先从师德水平的层次要求来分析上述作者对标兵的不理解。其实，师德应当是分层次的，而师德的层次是根据教师能够达到的不同水平确定的。

师德最低层次的要求，叫师德底线。师德底线是指教师不能逾越触犯的师德规则，它是教师职业伦理行为的最低要求，直指教师的外显行为特征，通常用否定式语言表述，属于"禁行性"的道德规范，如要求教师"不讽刺、挖苦、歧视学生，不体罚或变相体罚学生""不得有违背党和国家方针政策的言行"等。师德底线绝大多数教师都能够恪守，极少数违背规则的教师要受到处分。

第二层次是师德基准。它是教师必须遵循的师德原则，是教师处理与教育事业的关系、与受教育者（学生）的关系、与其他教师集体的关系、与家长等人的关系以及与自身发展的关系中必须遵循的基本要求。"对工作高度负责，认真备课上课，认真批改作业，认真辅导学生"等均属于"师德基准"的范畴，它处于高标准和底线之间，是"普适性""广泛性"的师德规范。

第三层次是师德高标准。它是教师职业伦理的最高要求和最理想的境界，是师德教育的总方向。陶行知的"捧着一颗心来，不带半根草去"、苏霍姆林斯基的"把整个心献给孩子"、四川地震灾害中用身躯和生命保护和换来学生生命的老师们，他们所体现的就是这种无私奉献、献身教育的师德境界。

高标准的师德要求，不是处于其他师德层次的教师都能理解的，更不是每个教师都能践行的，遑论"倡导性""先进性"的高标准师德。如果说，师德底线的践行是靠他律（外强制）来制约的，师德基准的践行是靠自律（内强制）来规范的，践行高标准师德则是一种自动化的（无强制）行为，是"第二本能"的体现。

正如那些在地震中出生入死救护学生的老师答记者问时所说的，"当时什么也没想，是出于教师的本能"，这正好印证了高标准师德的境界。在别人看来不可思议的壮举，在他们却是自动的作为。同样，当"小家"与"大家"的冲突无法协调或共处的严峻时刻，教师们选择舍"小家"顾"大家"，在他人看来是辛酸，对于他们来说却蕴含着实现内心崇高价值需求的一种满足感。

对于高标准师德的不理解与师德建设不分层次的"一刀切"要求之间的矛盾，是影响师德建设有效性的原因之一。

（二）"蜡烛"的隐喻

师德标兵不能够成为楷模的原因不仅是"不被理解"，还有一个"不被接受"的问题。

过去人们习惯把教师比作"蜡烛""人梯"或"春蚕"，其积极意义在于它是教师职业道德中奉献和自我牺牲精神的形象解读，表达着人们对该职业神圣性的理解和对于从事该职业的教师的高期望。但是它同时传递着消极的信息：蜡烛照亮别人的同时自己却丧失光彩。蜡烛的燃尽、春蚕的吐丝，尽管是奉献但也是悲壮的，因为看不到自身的不断成长和发展。当今教师接受的师德是一种有着尊严感、幸福感、成就感的优美师德，教师们所向往的是成为有智慧、有能力，专业得到发展的阳光教师，这样的高标准师德一定是能够被接受，且让人向往的师德。

如何使得师德充满魅力，如何使教师自觉地养成优美师德，做阳光教师，是师德教育面临的重要问题。

（三）"社会工具"的价值取向

在社会分工中，教师承担的是传承文化知识、促进学生发展的专业职责，也就是从事培养人的专业活动。自从人类社会进步到有了学校作为培养人的专门场所之后，教育活动就从"妈妈的膝盖下""大人的唠叨下"成为"专家的设计下"的专业活动。

教师就是这个有目的、有计划、有系统地教育人、培养人的专家，教师也因此具备了本体功能之外的间接功能——工具性。对教师功能理解上的偏颇将直接影响师德的价值取向。

对教师作为服务社会工具价值的理解，其深刻程度莫过于我国的古人了。古人把"师"与"天、地、君、亲"平起平坐共同列为"五圣"，就是出于对教师价值的深刻认识。为什么这样高抬教师？荀子这段话是最明确不过的回答："国将兴，必贵师而重傅，贵师而重傅，则法度存。国将衰，必贱师而轻傅，贱师而轻傅，则人有快（放纵），人有快则法度坏。"他把教师与国家的盛衰、法度的建立紧密地联系在了一起。

教师要通过"教书育人"实现自己的社会责任，然而由于对教育的工具功能与工具价值的强调，其育人的落脚点并不在人，而在社会。一直以来，凸显工具功能，忽略本体功能，成为教育的基本特征，影响了教师的"以人为本"的师德观的形成。

在古代社会，教育从属于某一阶层或阶级的需要，成为阶级斗争的工具，教育的目的是培养"政治人""卫道士"，古代的教师是通过培养"政治人"为封建社会服务的。近代工业文明以来，科技的发展和理性的高扬把人类全面推向改造自然、征服自然的道路，许多国家强调教育的国家功利主义价值，将教育改变成为庞大的人才"加工厂"。知识、技术、潜能的开发是现代教育的主题，这其实是教育工具化、人工具化的表现，这一表现的结果就是现代教育与人的精神的疏离，这种价值观主导下的教师是通过培养"经济人"为现代社会服务的。当今"以人为本"价值观念观照下的师德所倡导的是通过培养"全面发展的人"创造"以人为本"的和谐社会，这种教育观念对于师德建设，对于人才培养意义重大。如何落实"以人为本"的师德观，是师德建设面临的重要问题。

三、 成就生命的尊严： 师德建设内化与修为[①]

（一）加强师德修养，促进教师心灵的自我发现

· 自我发现，意味着过一种内在的精神生活。

如果没有崇高的精神追求，物质欲望的膨胀只会遮蔽精神的自我，使我们丧失对幸福生活的感受力——物质的充裕只能满足身体的感官需要，带来的是一时的快乐，而真正的幸福是高层次的精神需求得到满足时的高峰体验，并不必然基于丰盈的物质享乐。我们在物质上也许是清贫乃至清苦的，但在精神上是富有的。对教师而言，学生的成长与进步，就是他们辛勤劳动的最好回报，学生的成长与进步，显示着教师的人格和力量，也是他们全部付出的价值所在，正是在这种自我力量和价值的实现中，教师感受到一种最大的快乐与幸福。

· 自我发现，意味着一种自我认同。

这种自我认同将使教师从种种外在的功利性评价中超脱出来，从琐碎的得失中摆脱出来，不去纠缠于那些以牺牲学生的长远发展，自我的深层次发展为代价的荣誉和名利，不把种种正当的外在规范、要求、知识和技能看作对生命的羁绊，而是将其内化为一种教养。这样才不至于使自我感到压抑，

---

① 唐凯麟，刘铁芳. 德高为师：中小学教师职业道德修养 ［M］. 长春：东北师范大学出版社，2017.

从而才能在自由的生命舒展中体验到一种真正的幸福。

·自我发现，意味着心灵感受力的提升。

一个心灵感受能力强的人，不会感叹生活的平淡无奇，反而能把生活变得引人入胜，并以此为乐，热爱生活；一个心灵感受能力强的人，具有健全的主体意识和合理的内在尺度，能自主地把握自己的人生幸福；一个心灵感受能力强的人，能从外在的生活中发现滋养心灵的力量，善于发现、创造、享受各种生活境遇中蕴含的意义和幸福。

（二）认真践行师德，努力过一种爱与创造的生活

教师人生的完整与幸福，意味着以过内在生活为起点，通过走向学生、国家、社会、宇宙、自然的方式，扩大自我，超越自我，获得更深广的幸福体验。如果教师面对学生如同面对一台台机器时，如果教师面对蕴含着丰富的自然、人生、社会生活世界的教材却只看到僵死的知识和枯燥的概念时，教师与外在世界的联系将被异化为一种物质联系。唯有爱，才能使这种联系转变为一种生命联系和精神交往。

教师要过一种有爱的生活，核心就是爱学生。教师只有以爱的热情施教，才能给学生的心灵以深远的影响。日本著名教育家小原国芳说得好："教师的行为必须在精神上具有根本冲动，才能帮助并教育学生成为名人。"这精神上的根本冲动，就是爱。有了爱的引导，我们对待学生时，就不会有偏差，就能与之平等交流，和谐共进。投之以桃，报之以李，当学生感受到你对他的爱时，他也会以同样的方式来回报你，你就能在师生交往之中获得幸福的回报。

过一种有爱的生活，还应与学生一道去爱生活、爱知识、爱真理、爱他人、爱国家、爱社会、爱宇宙自然。这种种爱，使枯燥的书本知识不再是僵硬的概念，不再是一种心与物的机械联系，而是鲜活为一种流淌着的生命之间的联系：生命的智慧和情感从先哲那里流淌过来，从更深广的历史文化、

宇宙自然中流淌过来，流向自我，又从自我流向学生的心灵，流向更深广的生命的存在，流向更广阔的日常生活。

（三）成就学生与自我：走向教师人生的完美与幸福

"教师的职业境界有四个层次：一是把教育看成社会对教师角色的规范、要求；二是把教育看作出于职业责任的活动；三是出于职业良心；四是把教育活动当作幸福体验。"对于把教育活动当作幸福体验的教师而言，教育的过程就是体验自己生命的过程，他们不断地探索，不断地体验，不断地发现，把教育事业融进了自己的生命里。这就意味着教育的过程就是不断去探求生命的本源、探求人生的究竟、探求自我和他人生命意义的过程。在教育活动中，教师经由人类文明的积累，把自己的生命之河汇入人类共同的精神河流之中，使自己的人生与人类社会、与完美的宇宙自然联系在一起，从欠缺走向完满，由小我走向大我，从而走向人生的完美与幸福。

这种探求不仅是教师与人类文明交融相会的过程，也以"在场化"的方式不断实现着教师生命与学生生命的交会，在这种交会中，教师会感觉到自己的生命在孩子们身上得以延续，教师成就了学生，也成就了自我，从而做到自我实现与学生成长的完美统一。

正是在这种统一中，教师的人生得以不断走向完美与幸福，也正是在这种统一中，师生双方都享受着幸福的教育。享受幸福教育的过程，就是享受生命的过程，享受生活本身的过程。在这种享受中，教师不再关注种种外在的回报，而是关注心灵本身带来的种种幸福的体验："在幸福的教育中，教师不会想到这课讲完之后有多少酬金，也不是为了让学生、国家、社会对自己有好印象；学生在幸福之中也不会计较成绩将因此得到多大的提高，或专心学习将是否获得教师好评。在幸福教育中，教育本身就是创造幸福和享受幸福的有机统一，它把师生从世俗的教育评价中摆脱出来。教育行为本身就是教育的乐趣和动力，就是对教育的最圆满的评价。"

对于践行幸福教育的教师来说，教育不是牺牲，而是享受，不是重复，而是创造，不是谋生的手段，而是生活本身。学生的每一个开心的微笑，每一个微小的进步，都向教师传递着一种幸福的感觉。也正是在这种幸福的感觉中，教师在平凡的工作中才会常常伴随着热情和激动，伴随着温馨和诗意，教师才能在课堂上神采飞扬、诗情洋溢时感到激动和兴奋，才能从平凡而琐细的生活中感受到生活的情趣。

四、 立德树人引领下的课堂实践建构[①]

立德树人是课堂教学的目的，这不仅意味着课堂教学要服务于立德树人，更意味着课堂教学要指向立德树人。在课堂教学没有指向立德树人的时候，其在目的取向上一定是模糊的，即使有尊重学生或者重视学生成长的课堂教学原则，但在课堂教学目的取向的立意上依然没有立德树人这么高远，在过程指向上采用的各种教育教学方法也就会更加机械与浅显。比如在用三维目标引领课堂教学时，课堂教学就指向学科知识的掌握，并在此基础上帮助学生掌握学习方法，并进一步延伸出良好的情感、态度与价值观来，这就是我们常讲的知识与技能，过程与方法，情感、态度与价值观。尽管这是教育目标的三维，但三维并不是平行并列的关系，而是"逐维递进"的关系，对课堂教学中的师生来讲，课堂教学首先指向的肯定是知识的习得与技能的掌握，甚至在掌握知识这个"第一维目标"面前，牺牲学习过程与方法的科学性也在所不惜。因此，也只有在知识与技能这个"第一维目标"充分满足之后，整个课堂教学才转向过程与方法这一维目标。以此类推，也只有在前面的"两维目标"充分实现后，教师才会将课堂教学再次转向情感、态度与价值观。可是，在理论上往往只讲课堂教学转向的必要性，每次课堂教学的重大

---

① 周彬. 论回归立德树人的课堂教学建构 [J]. 中国教育学刊，2020（4）.

转向对中小学教师来说都是重大挑战，而且转向成功的案例总是少数。因此，当把立德树人确立为教育教学的根本任务时，整个课堂教学的指向就清晰起来，尽管其各个环节都有自己的教学任务，但指向立德树人的育人目的却是一以贯之的。

（一）从帮助学生掌握学科知识，转向通过学科知识的学习，促进学生的全面成长

我国从小学阶段就实施分科教学，从而在学校教育中形成了遵循学科发展规律的主线，用学科的专业教师，采用学科教材，沿用学科的评价标准，来推动学科课堂教学。尽管在课堂教学策略和方法上，会考虑学生的认知规律，照顾学生的学习兴趣，就是常讲的以生为本，但真正主导课堂教学过程，或者说主导课堂教学目标指向的，仍然是学科知识的有效传授。即使要求教师在课堂教学中做到以生为本，其目的也不是以学生的成长为本，让学生成长超越于学科知识的传授，而是通过以生为本来更有效地达成学科知识的传授。也就是说，这里的"以生为本"，并不是课堂教学的目的，而是达成课堂教学目标的手段。课堂教学要从学科知识的传授转向促进学生全面成长，这是需要通过学生对学科知识的学习和掌握来实现的。为了达到这个目的，一方面应当强化学科教师的跨学科意识，在学科教学中既要关注本学科的专业性，也要看到本学科因为"专攻一业"而出现的育人上的不足，从而为其他学科的学习提供时间与空间。学科育人的有效性与有限性是相生相伴的，只有寻找到本学科育人的边界所在，才可能在边界内寻找到有效的教学方法。另一方面，应当在基础教育的中低阶段开展更加丰富的综合学科教育教学活动，以项目学习或者任务式学习为主，教育学生通过多学科知识的综合，应对、解决在日常生活中或者具体科学探究中遇到的实际问题。较早分科教学的好处是，可以让学生把学科知识掌握得更好，但坏处在于学生易陷入本学科的思维框架之中。在许多学生的心目中，"学科"是很重要的，但对"科学"的意识比较淡薄，因此要让学生认识到学科的"应用"不仅是应用学科

内容，而且是为了形成"科学"意识。

（二）从帮助学生应用学科知识，转向对学科知识的深刻理解，提升学生学科素养

要发挥基础知识的育人功能，有两种不同的取向，一种是通过基础知识的充分应用来熟悉和巩固基础知识，另一种是通过加深对基础知识的理解来提升学科素养。前者通过大题量的训练，帮助学生熟悉基础知识及其延伸出来的例题，从而达到掌握基础知识的目的，同时，借助基础知识来解决日常生活中的问题或者解释日常生活中的现象，从而达到巩固和应用基础知识的目的。这两个过程都具备提升学生学科素养的功能，但直接服务的目的仍然是帮助学生掌握和巩固基础知识本身，缺乏对基础知识的深刻理解，没有充分发挥基础知识本身对学生学习素养和学科素养的提升功能。以练代学，以考代练，的确可以帮助学生熟悉学科知识，但是不是在练习过程中加深了学生对学科知识的理解，是不是在考试过程中提升了学生的学科素养呢？这个问题值得考虑。因此，只有加深对学科知识的理解，才可能真正实现学生学科素养的提升。这就要求教师既要了解学科知识的生成过程，又要从整体上把握学科知识的发展史。前者要求教师在讲授学科知识时，把学科知识与其生成时代，尤其是学科知识的诞生所应对的问题结合起来，还原学科知识的生成过程及其生成意义。后者则要求教师在讲授学科知识时，能够明晰不同学科知识点在其发展中的地位与功能，从而帮助学生以学科发展史的角度建立学科知识结构，这时候建立起来的学科知识结构既有学科的历史厚重感，又有面对具体问题时的知识灵动性，能够提升学生的学科素养。在学科教育实践中，教师对学科知识的理解越深刻，知识讲授时对教学方法的依赖就越小，触及学生学科思维的程度却更深，对学生学科素养的提升也更直接。

（三）从教师对学科知识的讲授，转向学科知识对教师的影响，强调教师以身示范

要让学生掌握学科知识最好的理由，就是让那些已经掌握学科知识的人，向学生演示或者证明学科知识的掌握对他们问题解决能力、知识演变能力以及生活品质提升的作用。如果掌握学科知识的理由只是逻辑推导出来的，或者只是价值要求出来的，比如不好好学习就会有什么样的后果，不好好学习就是对谁的工作成果不尊重，或者是对谁的爱不珍惜，这样的学习理由就显得牵强附会、软弱无力。教师是因为掌握了这个学科的知识，才有资格到学校教这个学科，那么学生学习这个学科知识最主要的动力，就应该来自看到教师因为掌握这个学科而获得了哪些可喜的结果；学生学习学科知识最主要的方法，也就应该来自教师自己采用哪些方法有效地掌握了这个学科。学生学习学科知识的核心目的，虽然不应该与教师当时掌握学科知识的目的相一致，但应该从教师掌握学科知识的结果来印证自己学习目的的正当性。因此，最好的学科教学策略，是教师把自己的经历、自己的知识和自己的学习方法运用到课堂教学去。首先融入课堂教学的应当是教师自己，这样教师才会通过自己以及自己的知识去吸引学生的加盟。所以，最好的教学方法并不是怎么教育学生，而是怎么更有效地把教师学科学习的方法、体会和收获呈现给学生，让学生在教师的以身示范中去体验、感悟教师的学科教学并从中有所收获。也只有教师把自己的学习和学习所得融入课堂教学之中，才能够既让课堂教学变得生动有趣，又让自己的专业学习和教学水平得到持续提升。用自己掌握知识的方法教育学生，用自己掌握知识的结果引领学生，这也就是传统意义上"学高为师，身正为范"的课堂表达。

课堂教学的确是学校教育的主阵地，不论是对教师专业水平的考验，还是对学生核心素养的提升，都具有不可替代的作用。但长期以来，课堂教学对过程有效性的关注远胜于对目的引领性的重视，对课堂教学方法和策略的考虑远重于对教育目的的明确和清晰。长此以往，尽管课堂教学方法、策略、

模式变得越来越丰富，但在缺少教育目的引领的情况下，这些丰富的方法、策略与模式，并没有自然而然地带来过程的有效性，反倒是让课堂教学目的淹没于教师的忙碌与学生的辛苦之中，"育人当是课堂教学的本体功能。任何淡化、丢弃或虚化、放弃育人功能的课堂教学，既不符合教学本质意义，也有悖教学的内在逻辑，终不是真正意义上的教育活动"。正是立德树人这个根本任务的提出，让我们再次将课堂教学研究聚焦到了教育目的上，明确了课堂教学在育人上的针对性，从而清晰过程有效性的具体所指。但是，对于如何在课堂教学中落实立德树人这个根本任务，却不仅是如何调整课堂教学方法与策略，更是如何整体调整课堂教学范式。只有更好地树立立德树人的目标，才能够更有效地完成立德树人对课堂教学提出的任务与要求。

下篇 师德师风落地生根的实践应用

第三章

课堂教学与立德树人

从中小学课堂实践来看，师德修养的困境并不在于理念认识不清与技术性原理不足，而在于如何落实学生的真实需求，并在课堂教学实践中，让师德师风实时呼应和应对这些需求，修炼有利于学生成长的高品质师德境界。

教师的自我修养是立德树人的重要保障。德为立教之本，高尚的师德是立德树人的基本前提。立德树人是教育的根本任务，也是具有中国特色的育人模式，亦即通过立德来树人。从来没有抽象的师德，"师德为本""立德树人"并不是一句理论上的套话，只有通过课堂教学实践，在具体的情境中捕捉师生心灵与情感的火花，学生在校园经历的一切——遇到的教师、接触的事物、经历的每一次谈话，才能构成教育的有机体。因此，教师不能只依凭知识做教师，而是要以自己整个"人"去做教师。

　　热爱学生是教师职业道德的基本内容，爱岗敬业、教书育人、为人师表是教师职业道德的核心内容。教师工作的手段是授业，目的和结果是传道、育人。教师通过教育内容育人，其自身的作为也时刻影响着学生，陶冶着学生，因此，教师必须清楚并能自觉地贯彻教育领域的伦理规范。新时期教师要具备高尚的职业道德，注重教师职业道德教育的内化与养成。师德建设的核心是必须处理好"三个关系"：一是处理好与教师职业的关系，这意味着教师要有敬业精神；二是处理好与学生的关系，这意味着教师对学生要有爱心；三是处理好与自身的心理和行为的关系，这意味着教师要为人师表，人格高尚。

　　教师职业道德是一种"实践精神"。赫尔巴特说："教学的最高的、最后的目的包括在这一概念之中——德行。"教师职业道德行为过程是由行为动机的确定、行为选择、行为本身以及行为之后的反省和评价来完成的。这一过程既是精神活动的过程，也是实践活动的过程。道德是实践的精神，其特殊性就在于它总是把一定的道德原则和规范变为以道德原则和规范为标准的道德评价和道德教育的实践活动。教师职业道德不是被动地反映教育现象的过程，而是从教师特定的职业道德价值要求出发，能动地反映教育现象的过程。

　　教学道德是教师职业道德的核心内容，教书育人是教师的根本道德责任。教师良好的教学道德不仅有利于和谐师生人际关系，增强教学双向沟通，提高教学效果，更对学生的成长成才产生着潜移默化的深远影响。

　　教学道德的本质内涵包括两点，一是教学道德以爱为根基。教学的根本目的是用"教学爱"唤醒学生的成长,"教学爱"是师德的主要体现。二是教学过程也是德育过程,这一过程是双向的,既包括教师对学生的德育,也包含教师在课堂教学中师德修养的完善。教学是实现师生德育目标的基本形式,其过程本身也是师德修养过程。

这些年来的教育教学似乎更注重的是课堂上的技术的东西,认为那是衡量教师水平的最重要的专业素养。纵观学生和曾经的学生——笔者自己所经历的成长路途,其实,真正对学生产生影响和改变的不是那些可以立竿见影测量出来的东西,而是每个从教者对人的认识、对自我的认识的展现,是人性深处能否真正焕发出光明与温暖浸润其中的嘉言懿行的特质。那些发生在教育场域中触动心灵的故事,都是师德得以修炼、修养的灵魂。让师德师风落地生根,从教师沾染人间烟火开始,从教师学会讲真性情的教育故事开始,从教师追寻陶行知先生的"千教万教教人求真,千学万学学做真人"开始。

"课堂教学是学校教育的中心,是实化、细化、具体化立德树人根本任务的主渠道,是学生全面、个性发展的基本环节。"如何在探索中坚定教学勇气,在实践中引领深度学习,是我们必须思考的问题。在本章,我们将分十二个专题探讨教师在教学中让师德师风落地生根的实践应用问题。

一、 学会倾听与师德修养

1. 学会倾听的含义

"倾听"的字面含义是认真地听取。张华在《走向"倾听"教育学》中指出:"教育中的倾听,即是对人的思想与体验、教育中的事务与事件、教育环境中的事物与现象等专注、关心与投入。这既包括对被倾听者关心、悦纳的态度,又包括理智的投入、理解与研究。"学会倾听要探讨的就是教师要学会认真地听取学生诉说(有声、无声)的问题。

《现代汉语词典》中将倾听解释为"细心地听取",也就是说"倾听"需要倾听者"耳、目、心"等多器官的投入,倾听者要全身心地投入倾听情境中,进入倾听对象的内心深处,去感悟、理解对方所表达或表现的多方面信息。而英语中倾听的表达是"listen",该词的拉丁语是"obaodire",其含义是"以恭敬的态度听取对方的声音",所表达的是"通过接受对方的声音,成为对方世界的参与者"。从"倾听"的词源和词义我们可以看出,"倾听"的含义是广泛而深刻的。

第一,"倾听"代表了敞开、接纳、尊重和关怀的道德伦理,在这种"倾听"的关系中,倾听者与被倾听者之间是彼此平等的、敞开的,二者在精神上会产生一定程度的互赖和共鸣,从而产生一种安全、愉悦的心理体验,这种心理体验会化解人与人之间的隔阂和矛盾,形成彼此关注、关怀和鼓励的关系,构建一种平等和谐的"公共关系"。

第二,"倾听"是与复杂的智慧和理智体验相伴随的,被倾听者因为获得鼓励而不断理清自己的思路和语言,从而使自己的观点得到精确化,倾听者则通过将对方观点与自身观点的融合,重塑自己的观点,从而将思维推向深入。

第三,群体之间的相互"倾听",会使不同的、多元的观点得到表达和尊重,这将改变线性的思考方式和人际关系,从而形成一种"交响式"的关系,进一步推进思考的深化和问题的解决。因此,在很多教育家看来,全身心倾听本身就是最重要的学习方式。

2. 课堂变革:"互相倾听"保障每一位儿童的高品质学习权[1]

日本教育家佐藤学倡导以"倾听"为核心的课堂教学。他指出,"倾听"这一行为是让学习成为学习的最重要行为,我们要追求的不是"发言热闹的教室",而是用心地互相倾听的教室。在这样的课堂中,教师以慎重的、礼貌的、倾听的姿态面对每一个学生,倾听他们有声的和无声的语言,让"相互倾听"成为教学中的常态,关注每一个学生的成长。

---

① 陈静静. 以"倾听"为核心的教育生态重构 [J]. 全球教育展望,2018 (6).

在整个学校系统中，课堂无疑居于核心地位。佐藤学很早就提出了"课堂变了，学校才会变"的观点，将课堂作为最重要的研究阵地，力求在课堂教学方面进行改革突破。佐藤学把建立"相互倾听关系"作为课堂变革的第一要务，但以"倾听关系"为核心重塑课堂却困难重重。

第一，"倾听"是耳朵接受信息的过程，也是一种复杂的内心活动，如何能够让学生进行积极的、有着高品质思维活动的倾听，而不是"呆坐静听"呢？

第二，长期以来，许多教师已经习惯和擅长讲授，如果不采用讲授的方法，而是用"倾听"的方法，这样的课堂如何展开？

第三，很多学生非常喜欢自我表达，却不愿意倾听，对于发表热烈而倾听不足的情况如何改善？

这些操作阶段一定会遇到的问题是传统课堂遗留下来的，可谓积重难返，那么如何打开突破口呢？这对课堂中的每一个人来说都是一种挑战。佐藤学设计了"活动（作业）→协同学习→表达分享"的活动系统，并提议教师将"倾听"作为课堂教学的核心工作来展开，并将教师的"倾听"细化为"倾听→串联→反刍"三个阶段，从而重构了课堂活动系统。

（一）教师示范倾听，在宁静润泽的氛围中让学习自然发生

1. 将教师讲授环境变成自主学习环境

佐藤学一直倡导学习环境与氛围的变化。他一再强调，除了包括日本在内的东亚国家和地区之外，那种以黑板和讲台为中心、众多儿童整齐划一地排座的课堂，以学科为中心，让儿童习得教师所传递的知识、技能，然后借助考试加以评价的教学方式已经过时，西方发达国家从 20 世纪 80 年代起就纷纷抛弃了这样的课堂教学方式。一名教师面对几十人的学生群体，而且学生之间不能产生联结的教学方式，在形式上突出教师的权威以及学生对教师权威的崇拜和依赖，教师会更加倾向于现成知识的传授，学生则更加倾向于接受并记忆现成的结论，这种学习是浅表层次的。

能够参与这样的教学方式的只有教师和少数资优生，多数学生难以真正参与到这样的学习活动中去。改变"秧田式"座位方式，采用四人小组的座位方式，改变了学生枯坐、竞争的心理状态，让每一位学生都至少一位伙伴，遇到困难的时候，他们随时可以找到心理支持和求助对象。学习环境的变化，不但改变了学生座位的物理空间，而且改变了学生的心理状态，使他们感觉更加"安全、安定和安心"。同时，座位的变化改变了课堂的权力结构，改变了教师在课堂上"独白"的状态，让学生之间拥有更多的对话机会，让学生之间的相互学习成为可能，也让学生的自主、协同学习成为常态。

2. 教师倾听、接纳所有学生

佐藤学对于学生逃避学习的情况进行了深入的研究，他发现：那些一味强调自身的"讲授"，对学生进行严格的纪律管束，而对自己的教学方法缺乏反思和改进的教师的班级最容易发生"班级崩溃"的情况。学生之所以逃避课堂、逃避教师的管理，主要原因是他们没有得到倾听，因为教师没有倾听学生，学生之间也难以形成倾听的关系，所以课堂上教与学的矛盾逐渐成为主要矛盾，学习的问题反而被搁置一边了。

要改变这样的状况，必须从教师的转变开始。只有教师首先成为倾听的示范者，以柔软的、坦诚的状态来面对学生，不折不扣地接纳学生，才能改变这种局面。教师不但要用耳朵来倾听，还要用眼睛来观察，把学生的语言、表情、动作都进行细致的观察，同时要了解学生的社会关系情况，把学生放在一个复杂的社会关系的角度来进行深入的理解。倾听学生的发言意味着在如下三个关系之中接纳学生：一是认识该发言是文中的哪些话语所触发的；二是认识该发言是其他儿童的哪些发言所触发的；三是认识该发言同学生自身先前的发言有着怎样的关联。

倾听代表了教师对学生的深刻理解和接纳，学生也就可以呈现出真实的、自然的状态，进入真实的学习中。那么什么是师德修养所崇尚的倾听呢？如何倾听学生的真实声音，促进学生深度学习呢？

事例点击

1. 静下心来听听学生的想法，听听他们怎么会这么想。要关怀、了解、接受学生，鼓励他或帮助他寻求解决问题的途径。

倾听学生的想法
——《认识几分之一》教学案例与反思①

这学期，教研室组织了"百人百课"送教活动，我被安排到临山的湖堤小学上了一堂三年级的《认识几分之一》一课。事情虽然已经过去一个多月，很多为准备上课而做出的努力都已忘记，但那天上课的一个环节却令我记忆犹新，好像是昨天刚发生的事情一样。

《认识几分之一》是学生认识分数的起始课，通过教学，希望学生初步理解分母是 10 以内的分数的意义，能读、写分数，学会运用直观的方法比较分子是 1 的两个分数的大小。刚开始上课时，我从生活中的平均分得不到整数出发引入分数，再以 $\frac{1}{2}$ 为突破口，通过折纸、涂色等实际操作，让学生理解分数的意义，学生学得很认真，我也觉得课上得很流畅。最后一个环节是"比较分子都是 1 的两个分数的大小"，我出示一题：小红买了一个饼，分给爸爸、妈妈后，三人一起吃。如果你是小红，你会怎么分？一名学生站起来，说出我心里想的答案：平均分成 3 份，每人吃这个饼的 $\frac{1}{3}$。我在肯定他的答案后，把一个平均分成 3 份取一份的圆贴在黑板上。又说："大家一起看看小红是怎么分的。"然后拿出一个平均分成 4 份取一份的圆贴在黑板上，学生马上回答：小红吃了这个饼的 $\frac{1}{4}$。

我乘胜追击，马上又问："按照这位同学的分法，每人可以吃到这个饼的

———————————

① 陆燕群. 以"倾听"为核心的教育生态重构 [J]. 全球教育展望，2018 (6).

$\frac{1}{3}$，而小红吃了这个饼的 $\frac{1}{4}$，她是多吃还是少吃了？"学生们又高高地举起了

手，我叫了一个一直举手的男同学，他站起来大声说："$\frac{1}{3}$ 与 $\frac{1}{4}$ 一样大。"我

当时一愣，在我自己的学校里试教时，说 $\frac{1}{3} < \frac{1}{4}$ 是有的，因为在学生的头脑

中，4 比 3 大已根深蒂固，但说一样大，我没有想到。我连忙说："还有别的

意见吗？"不料大家异口同声地说一样大。这时我的手心有点冒汗了，怎么回

事？我趁机拿下黑板上的教具——两个圆片，让他们近距离地看一看，再把

两个阴影部分对牢后比了比大小，问：到底哪个大？

这时坐在第一排的一个女同学救了我，她说：$\frac{1}{3} > \frac{1}{4}$，我马上像抓到救

命稻草一样，好好地表扬了一下这位同学，我说："是呀！$\frac{1}{3}$ 表示什么意思？"

学生很快回答："表示把一块饼平均分成 3 份，取了其中的一份。"我接着说：

"对呀，那 $\frac{1}{4}$ 又表示什么意思呢？"学生也很顺利地回答了出来。我乘机拿着

两个圆片说道："你说把同样的一块饼平均分成 3 份，其中的 1 份大，还是平

均分成 4 份，其中的 1 份大呢？"这时大多数同学才同意我的观点，课才顺利

地上了下去。

执教者在教学反思中写道：那天诸局长正好也听了我的课，在吃中饭时，

他在肯定我的课后，说要是真的拿出一个饼来让学生分一分，不就马上比出

大小来了吗？兰江小学的胡校长说："其实在课件上演示一下，效果会更好。"

是呀，试教时，由于没考虑到这个问题，才出现这种尴尬。那么，学生为什

么会回答 $\frac{1}{3} = \frac{1}{4}$ 的呢？

下午评课时，我总结出的问题的原因是可能我画的圆的教具做得不好，

颜色太暗。他们的黑板是深绿色的，我画的圆是深红色的，里面阴影的线条

是黑色的，那天正好阴天，光线不太好，学生看得不是很清楚，不能直观感

知两个分数的大小。

湖堤小学的数学老师说可能是学生的从众心理，因为我叫的那个男同学正好是他们的班长，平时比较有号召力，他们认为班长的观点不太会错，因此都跟着他这么认为了。

这时教研室的蔡教研员说，我们只是猜测学生的想法，当时学生到底怎么想的其实我们都不知道。当学生的答案与我们的想法不同时，我们不要急着把自己的想法强加给学生，更不能显出很生气的样子，课堂上是允许学生出错的，我们应该静下心来听听学生的想法，听听他怎么会这么想，这有利于我们老师对症下药，有的放矢地调整自己的教学思路。

是呀，每个学生都是在以自己原有的知识经验为基础对新的信息进行编码，去构建自己的理解。在课堂上，我们老师习惯带着自己对问题的理解去为学生讲解方法，有时一些学生表达了他们另外的想法，但由于表达不完整或教学时间紧迫等因素，我们没有耐心倾听，而是急于把自己的想法灌输给学生。特别是上公开课，老师为了完成自己的教案，往往忽略学生的想法，把公开课上成了名副其实的"走教案"。

今天的课上，当学生说出 $\frac{1}{3}$ 与 $\frac{1}{4}$ 一样大时，如果我让同学们说说自己的想法，再让大家讨论讨论，然后适时地加以点拨，可能效果会更好一些。我们老师碰到学生的答案与自己不一样时，往往都是急着把正确答案告诉学生，害怕学生不掌握。

如果老师的解释与学生的理解不一致时，他们反而会半信半疑，很可能会想不通，并在他们的后续思维中仍旧按照自己原先的理解去解决问题。而倾听学生的想法，让学生的思维充分暴露并与之交流，再加上老师的合理引导，破解学生的困惑之处，针对疑难点进行点拨，引导学生一步一步完成教学过程，才是有效的课堂教学。

因此，我们要更进一步认识到耐心倾听学生的心声是我们作为教师的一种美德，哪怕学生的想法不对，这种倾听也是对他们的尊重，有利于学生的创造发现。多听学生的想法说不定会给我们带来犹如发现新大陆般的惊喜。

2. 克服自以为是：不要总想占主导地位。

一位老师上《年月日》一课时是这样开始的：老师问："关于年月日，同学们都知道什么？"几个学生回答后，老师准备向下进行。这时一个男孩子依然高高地举着手，他说："老师，我还知道闰年是怎么产生的。""好，我们等会儿再说好吗？"课继续进行，终于学到了闰年的特点，这名男孩子又一次举起了手，他边举边站起来说："老师，我知道闰年是怎么产生的。"老师用手势示意孩子坐下，继续教学。直到下课铃响，男孩子也没回答上这个问题。问其原因，老师说："这节课没有涉及这个问题，如果有时间就展开一下，可惜没时间。"

我们不难看出，在课堂上老师在努力践行课改理念：放手让学生自主学习。不过这种放手是有范围的，那就是在自己预设的圈子里学生可以任意发挥，而当预设的"开放"与现实的"自主"发生矛盾时，老师毫不犹豫地掩上了孩子的嘴巴。

其实，让他说说也没关系。知道闰年、平年的来历，对孩子理解掌握年月日的知识是非常有好处的，老师剥夺孩子发言的机会，将极大地打击他学习数学的积极性，也抹杀了他展示自我的机会。

3. 尊重学生：不要打断对话，要耐心倾听，让学生把话说完。

"老师，我还没说完"①

一次，我有机会观摩了邻校一位老师教学的《12减几》的公开课，领略了课改的春风，感触良多，但对其中一个片段持有疑惑，现录其下，以期与各位探讨。

在教学"12－5"时，一部分学生把12拆成7和5，然后5－5＝0，剩下7，得7；另一部分学生把12拆成2和10，然后10－5＝5，再加上2，得7；至于用小棒摆、逐个减或采用接着数等方法，已显得较为幼稚。

---

① 蓝玉文．一道题引发的思考 [J]．新课程教学案例，2007（9）．

以上方法老师也一言概括过了，正准备进入下一阶段，忽然看见有一名男同学的手似举非举，表现出欲言又止的样子。尽管教学时间挺紧，老师还是让他说出了自己的想法。"5－2＝3……"还没等他继续往下说，其他学生都持反对意见："怎么能反过来减呢？错了！错了！"该生听到同学们的笑声，期盼地望了望老师，着急地说："老师，老师，我……我还没说完！"这时老师笑着说："看来你还没想好，先坐下再想想吧！"

课后，我找到了这名学生，问他刚才想说什么。他说："把12分成10和2，5－2＝3，然后10－3＝7。"我说："你为什么这么想呢？"他说："因为5比2多3，多算了3个，因此，10要减去3得7。"瞧，他的方法多新颖，思路多清晰呀！由于他的老师只听到上半截，没有允许他继续说下去，宝贵的课堂教学资源就这样白白流失了。

不要匆忙下结论，不要急于评价学生的观点，不要急切地表达意见，不要因为与学生的见解不同就马上让学生停止表述自己的看法。要仔细地听学生说些什么，不要把精力放在思考怎样反驳学生所说的某一个具体的小的观点上。

等待和倾听这两种看似最为普通和简单的教学行为背后，往往深刻地折射出教师的教学观念——"学生究竟在教师的心中处于一个什么样的教学位置"。教师不仅要有足够的耐心等待和倾听学生有声的话语，让其有机会言表内心，"我口说我心"，而且要有高度的智慧谛听学生无声的语言，倾听他们的内心波澜。

4. 问问自己是不是有偏见或成见，因为它们很容易影响你去听学生说。

把炉子生起来①

那年我们上初中三年级，马上就要参加中考了，为了有更多的学习时间，

---

① 本文的作者为姜娜。这篇文章是齐齐哈尔大学学生作业案例。

我们都住在学校，每天在教室里上晚自习。冬天的教室里很冷，老师没有来，我们就让一位同学帮我们把炉子生着，但是我们没有打火机也没有柴火，那位同学就去外面买了打火机，自己捡了柴火，生炉子时还冒烟，好不容易炉子热了，我们又安心地开始学习了。

帮我们生炉子的同学不爱学习，却喜欢帮助别人。可是，不一会儿又没有柴火了，那位同学只好把自己不用的书和纸都烧了，他是为了让我们暖和。可毕竟书和纸有限，他把自己的椅垫也放进炉子里了。因为椅垫里面是鸡鸭的毛，不愿意着，他就捅了捅炉子，没想到冒了很多烟，我们就都跑到走廊里待着，这时校长回来了，他气哼哼地来到我们班级，问是谁整的，那位同学说是自己弄的。校长瞪了他一眼，然后不由分说就揪着他的耳朵去了办公室，因为办公室离我们教室不远，我们听到校长骂那位同学，我们去找校长，可他把我们关在门外，不听我们解释，就这样冤枉了为我们生炉子取暖的同学。

聆听不仅是一种无言的机智，也是师德修养的无声表达。我看过这样一则故事：

一位年轻的妇女带着她 4 岁的儿子陪着她的父亲一道去春游。儿子口渴了，妈妈从背包里拿出两个苹果，要儿子给外公一个。没想到儿子将苹果拿到手后，在上面分别咬了一口。见到孩子这样，母亲心里很不是滋味，她担心父亲责怪自己平时没将孩子管教好。"妈妈……"儿子有话要说，看见妈妈狠狠地瞪着自己，于是将要说的话咽回肚子里去了。

外公知道孩子这样做一定有他的道理，便紧紧拉住孩子的手，笑容满面地问道："乖孙子，告诉外公，你为什么将两个苹果都咬上一口？"孩子两只黑葡萄般的眼睛忽闪忽闪着，满脸童真："因为……因为我想把最甜的一个给外公。"外公笑得更欢了。母亲的眼里闪烁着泪花，既为有这样懂事的儿子而自豪，又为自己刚才的行为感到羞愧。

联想到我们的教师，在教学中能否做到耐心倾听吗？小学生由于年龄小，往往心里想到了，口中却说不出，或者只能说"上半截"话，精彩的却在后头。可是，老师，您能耐心听完吗？

一个好的教师是一个能提供接受性、同情性、真诚性和帮助性聆听的成人，他知道何时该保持沉默，何处该给予支持，以及如何提出一个问题，以便让双方分享的思想和感情的意义更加明了。有时，你只要在学生身旁就足够了。而另外一些时候，可能需要用这样的问题来帮助学生将他们自己的想法说出来："你觉得怎么样？"或者通过认可某种感情，如"遇到这样的困难很正常，你不必气馁，再想想"来引导。顷刻之间，这种非判断性的教育学理解就产生了重要意义：这样的聆听对孩子提高自我认识和增强自我责任感是多么有帮助啊。①

学习链接

什么是我们追求的倾听②

一、教师倾听能力的培育与形成

对于教师而言，课堂教学几乎都是每日连续不断的具体实践。其核心目标即指向每一个学生的深度学习的实现。我们提出深度学习系统的核心目标是"自主创造"，主要涉及三个方面，包括：（1）学生学习的持续发生，集中在动机情感领域，表现为全身心投入和自控策略；（2）在学习的过程中，能够不断支持与被支持，主要集中在人际领域，表现为自我接纳和有效协作；（3）学习对象与学习成果集中在认知领域，通常表现为高阶思维和问题解决。

这三个方面是学生深度学习系统持续发展、不断内化，并最终养成自主学习、自主创造习惯的动力。而教师要在课堂上实践深度学习，首先必须对学生的学习基础做一个充分而精准的把握，了解学生的已知内容是什么，已有的学习环境和学习关系如何，已有的学习方法有哪些。其次，随着课堂活动的开展，学生会遇到新的学习困境，教师必须随时倾听学生发出的求救信号，协助学生从未知走向已知。在解决困境后，学生还会提出新的学习需求，

---

① Sam M. Intrator. 我的教学勇气. 方彤，译. 上海：华东师范大学出版社，2008：4.
② 谈杨，陈静静. 倾听学生真实声音，促进学生深度学习 [J]. 新课程评论，2019 (12).

从新的已知进一步发展向更高阶层。因此，教师必须以倾听之能力为基础，敏锐发现课堂教学中的困境与需求，并开展扎实的课堂研究，对症下药。

学生深度学习的三个方面及已有基础、困境和需求，共同构成了教师的倾听能力所需要察觉和反应的领域。比如在学习动机领域，学生一般面临的困境往往是学习内容过于简单或幼稚化，使得学习枯燥而无法开展或启动。在人际领域，学生在独立自主学习的需求上，为了顺利解决高挑战性问题，往往对稳定而安全的伙伴关系有强烈的需求，以便进行协同学习，丰富自己的见解，共克难关。在认知领域，学生的困难往往表现在无法理解课堂中的核心学科概念，出现浅表性的理解或运用，缺乏足够的学习时间保障等。这些都是教师在课堂倾听中应当进行分析和判断的。而教师倾听的来源，又集中表现在三个方面。第一是学生在课堂上的求救信号。这类信号可以表现为学生放弃学习、虚假学习行为，或者是差异、错误、奇趣的观点。第二类是学生的学习成果分析，即对学生学习单上呈现的解题过程、观点和处理方法及时进行分析。第三类是学生的过往经历，即学生一贯以来的学习特点、与同伴间的学习关系、学生的兴趣特点或年龄发育特点等。

二、教师倾听能力发展的阶段与表现

倾听是教师的核心工作，只有持续展开真实的倾听，教师才能应对多变的课堂需求。对于大部分教师而言，倾听作为一种核心能力，比起其他职业人士所强调的倾听，更具备专业需求和特点。

首先，教师应当对学生有强烈的情感共鸣和观照，即能够站在学生面临的情境中，了解学生未能表达出的语言、情感，不对其发言内容做"好"或者"不好"的判断，而是在和学生的对话中，理解他们当下的需求。

其次，教师能够在不断成熟的同理心中对引发学生变化的学科领域进行专业判断，听懂学生不懂在哪里、学生的逻辑是什么，他们的见解与学科核心概念间有关系没有。其后，在学科本质的专业性和对学生学习逻辑理解深化的过程中，教师能够借助课堂中倾听的学生学习困难、学习需求，调整、创造新的教学策略，并将其转变为课堂契机，实现与学生共同设计学习历程

的真实课堂教学。

最后，在教师倾听能力不断成熟的过程中，其对学生学习的分析和判断已能够进一步抽象出特定的学习规律，进而使自己成为专业的研究者，不断创新实践，丰富理论。

二、 教师语言与师德修养

1. 师生沟通方式——语言与非语言

师生沟通的方式有很多种，教师主要通过语言行为与非语言行为向学生传递信息。语言行为即通过听觉刺激使学生感知，是由教师授课语言，提问、组织课堂纪律语言及其他等方面的语言行为组成的；非语言行为则是通过视觉等刺激使学生领悟，涵盖教态、人格魅力等一系列非语言交流形式。在授课时，教师要注意语言行为与非语言行为的正确运用，从而达到有效的教学效果。

苏霍姆林斯基说："教师的语言修养，在极大的限度上，决定着学生在课堂上脑力劳动的效率。"教学语言是教师打开学生知识宝库的钥匙，是沟通师生心灵的桥梁，是教师完成历史使命，履行神圣职责的重要条件和基本手段。课堂既有空间的确定性，又有时间和对象的确定性，它要求教师的语言稳定清晰，在整个课堂的语言活动中能始终积极、轻松、有序地表达，能"声声入耳，句句达心"。

授课语言包括很多方面，首先应从导言说起。导言在教学中起着十分重要的作用。它可以造成学生的"悬念"，能调动学生学习的积极性和主动性，使学生明确学习的目的和内容，形成追求答案的渴望心理，最终达到理解教材和掌握教材的目的。如果每一节课教师都用"上节课我们讲了……这节课我们来学习……"开头，课堂气氛可能很呆滞，不能吸引学生的注意力。假如教师以一个谜语、一段故事、一句成语或是精心设计的问题开头，就能很快地吸引学生注意力。例如，教授我国的珍稀动物大熊猫时就有老师采用如下的谜语引入："像熊不是熊，像猫不是猫，只居我中华，可惜数量少。"①

进入课堂内容后讲课是否能够成功，很大限度上依赖于语言的逻辑表达。教师在讲课时要做到语言清晰，既有严密的科学性、逻辑性，又要通俗明白，还应具有说服力和感染力。为便于学生理解，可用例证说明，使讲解生动、具体。恰当的例证能降低学生理解的难度，还能激发学生的兴趣，引起学生的注意。强调重点可使学生很好地掌握所学知识，将重要的信息从背景信息中提炼出来。在讲课时教师可以通过声调的变化、语速的调整进行强调。授课中声音强弱的变化，以及声调的变化都能够突出关键字词句。

教师在教学时还要注意学生的反馈。一般可以询问学生，如"听明白了吗"，然后根据反馈信息及时调整讲授的方式和速度，达到教学目标的要求。

一堂好课不仅要有引人入胜的导入和环环相扣的讲授，还要有精致的结尾。有的结尾如撞钟，戛然而止；有的结尾含蓄委婉，课虽尽而意无穷。成功的结尾语能起到画龙点睛的作用。

在教学交往中，除了以语言为手段外，还有非语言手段。教师的非言语行为是在教育教学情境中教师特有的，针对学生而出现的，以交流为目的的，并与教师语言紧密联系的非言语行为②。非言语手段包括目光凝视、身体姿态、面部表情和手势示意等。我们首先说教学姿态，通常也称其为"体态语言"。教态是教师在课堂中呈现的表情、眼神、手势和身体姿态等，优美和谐的教态不仅能使学生获得美的享受，也是教师个人气质和修养的自然流露，更重要的是它能辅助语言传授，融洽师生关系，调控课堂节奏，是科学完成教学任务的重要手段。教态在教学中起着很重要的作用。例如，上课时使用"扫描""注视"关注学生，启发学生发言时以手势示意提问，可以减少语言的重复，节约教学时间，维护教学秩序。还有，当教师提问时，如果有的同

---

① 俞如旺. 生物微格教学 [M]. 厦门：厦门大学出版社，2007：106-175.

② 周鹏生. 教师非言语行为研究简论 [M]. 北京：民族出版社，2006：12.

学处于想说而又不敢说的境地，教师用手势示意，或者对他点点头，学生就会大胆地站起来发言。此外，教态在教学中还有融洽师生感情、突出教学重点、提高教学效果等作用。费德瑞克·琼斯认为："教室管理常规的建立，90%可以依赖肢体语言的发挥。"

在教学实践中，语言行为与非语言行为往往结合使用。语言与非语言在各尽其能的同时，还能互补互助，相互配合，相互修饰，达到有效教学的目的。因此，教师应当把语言行为与非语言行为融合成一个有机体，相辅相成，使学生充分感受"有效教学"的魅力。

2. 体态语的表达方式①

每位教师都有自己特殊的体态语表达方式。笔者在这里把一些优秀教师的比较好的体态语介绍给大家：

· 拍拍学生的头，给他们一个会心的微笑。

· 与学生来个击掌，让学生充满成就感。

· 给学生额头贴个小贴纸，书本上印个小图章。

· 用眼神表达关爱，用微笑以示鼓励，用抚摸传递喜爱，用惊奇表示赞赏。

· 学生读得太轻时，把手放在耳边侧着头，提醒学生读得稍重些。

· 轻轻拥抱，让孩子的内心充满喜悦。

· 和学生握握手，祝贺学生的精彩表现。

· 整节课都面带微笑，会给学生带来愉悦的心情。

当然，教师在借鉴这些常用体态语时，应该针对不同问题、不同情况、不同学生的风格，抓住时机去启发、去赏识、去激励、去反思，充分发挥体态语言的积极功能。

美国加利福尼亚州圣何塞州立大学的一位心理学教授 James Asher（詹姆斯·阿谢尔）在 1966 年提出了关于肢体语言的教学方法。他认为，肢体语言

---

① 高帆，李秀华. 名师营造课堂氛围的经典细节 [M]. 重庆：西南师范大学出版社，2009.

的精髓为以口头发号施令给予指示，并辅以肢体语言示范，帮助听众了解指令的意义，等学习者充分了解语句的意义时，再以肢体动作做出正确的回应。此举不但减轻了开口的压力，更积累了足够的信心。阿谢尔深信，学生大量听力信息的接受与肢体动作反应的结合，能使学习的印象更深刻持久。

而在我们传统的教学活动中，教师通常是以说话及板书的方式将想要传授的课本知识传递给学生的。而且认为只要运用传统的讲述法来解释课本的内容就可以，现在再这样做却是不够的。作为教师，应当展现肢体语言的魅力，运用肢体动作来吸引学生的目光。所以，教师的肢体语言在教学中的运用是不可或缺的。

想让学生专心致志地上课并且完成教学任务，就要恰当运用肢体语言。当教师走进教室时，让学生产生第一反应的就是你肢体上发出的热情邀请。当学生对你的眼神、动作有了相应的反应时，就说明你与学生沟通的渠道已经开始畅通了。

事例点击

1. 语文课堂——教师语言艺术的"魅力"[①]

李　林

笑声、掌声、读书声，声声入耳，你学、我学、他也学，人人都学。我的语文课堂时时处处充满欢笑声、掌声、读书声，学生个个生龙活虎，热闹非凡。瞧！我们又上课了！

"起立！"

"老师好！"

师曰："大家好！才是真的好！"（电视广告词）

① 中华人民共和国教育部基础教育司. 素质教育案例精选［M］. 北京：中华工商联合出版社，2002.

生大笑！（活泼的课堂气氛由此拉开了帷幕）

师："同学们，今天我们一起学习……"

"阿嚏！"

糟糕！话未说完不知谁突然打了一个响亮的喷嚏，同学们一下子又哄堂大笑起来，怎么办？

师忙曰："关键时刻，怎能感冒？"（电视广告词）

生大笑！

师：好，下面请同学们集体朗读课文。

学生开始朗读，有个别学生不读，怎么办？

师：同学们，"无毒（读）不丈夫啊"！

学生全部读起来，不过声音小一点，再来一句：

师曰：声（量）小非君子啊！

学生大笑之后大声朗读起来。

"报告！"一个响亮的声音一下子吸引了同学们的注意力，大家有的看着我，有的看着那位迟到的同学。怎样使他们回过神来呢？

师环视同学们之后，转向迟到的同学：

唱曰："你知道我在等你吗？"（歌词）

生大笑。

师：掌声欢迎！（热烈鼓掌）

（那个同学轻松而迅速地加入这一热烈的课堂）

师：请同学们思考和讨论以下几个问题……

教室里静悄悄的，同学们都在认真学着。不过，我发现一个同学伏在桌子上睡着了，怎么办！看我的。

我小心地走到那个同学跟前，轻轻地唱起来：

"睡吧，睡吧，我亲爱的宝贝，你也实在太累了……"

"哈，哈，哈！"同学们一下子大笑了起来。

整个课堂又恢复了生机。

如果还不过瘾，再侃一下：

师：同学们，刚才朱俊同学伏在课本上睡着了，那本书肯定跟他说了这样一句话：

生：什么话？

师：书说："爱我、追我，请别吻我。"（交通广告词）

"哈哈！"学生又大声笑起来，热闹极了……

师：……

好了，好了，不说这些了，什么乱七八糟的，简直是一堂大杂烩，不错，以上这些是我在课堂上汇集的一些"调味品"，不过效果还不错呢，不信请看。看什么？看疗效！

疗效一：课堂气氛活跃，学生精神抖擞，学得轻松有趣。（兴趣是最好的老师）

疗效二：学生喜欢我，喜欢语文，每天都在盼望语文课（我）的到来。有一个比较调皮的学生在他的作文中写道：我的语文老师，平易近人，语言风趣幽默，真是让我崇拜极了。

疗效三：学生的语文考试成绩从初一到现在一直居全年级（八个班）的第一位。

疗效四：课堂巩固率有增无减，现已达到 61 人（爆满）。

教师风趣幽默的语言，平易近人的态度，简直是一副灵丹妙药。

语言是有效教学的主要手段，也是学生感受教师情感的主要途径。教师最好用富有感情色彩的话语把说一不二的要求减到最少。体会学生的感受、想法比抽象的命令更有效。言为心声，语言是心灵的外壳。不同的语言表达不同的态度情感，教师应该善于用语言来表达自己的态度情感。如请学生回答问题时，应该用鼓励性、期待性的语言；学生回答正确时，应该用肯定性、赞扬性的语言；学生回答得不对时，应该用谅解性、引导性的语言。这样的语言就比较容易与学生产生心灵上的共鸣。

2."老师，我舍不得让你走……"①

北京特级教师李烈有一次应邀到外地讲学，在课堂上，这个学校举行了一个小小的欢迎仪式。一名小学生走上台来给李老师献上鲜艳的红领巾并献上一束美丽的鲜花，李老师当时很自然地弯下腰拥抱了一下这个孩子，台下顿时响起了热烈的掌声。她觉得这是师生感情的一种自然的传递，却没有想到会给孩子幼小的心灵带来巨大的影响。在她的课即将结束的时候，那个被她拥抱的孩子突然哭了起来。"告诉我，你，怎么了？"李老师走到他身边抚摸着他的头问道。孩子哭得更加厉害了："老师，我舍不得让你走……"坐在礼堂里听课的老师们都笑了，她却没有笑出来。因为她知道，一个接受过关怀的孩子能够当众表达他的感动和依恋，今后这个孩子肯定是一个知道感激、会付出爱心的人。李老师张开双臂，用一种母亲亲近孩子的方式，再一次把这个孩子紧紧地拥抱在怀里……

在生活中我们会发现，非语言的表达往往比语言更具影响力。一项旨在了解学生与教师沟通的积极因素的调查表明，学生更喜欢微笑着上课的老师，学生更喜欢追求学习过程中的亲和感，追求在宽松、和谐的气氛中经历学习过程。是的，教师在教学中自然流露出的爱才能真正影响学生的心灵，而这种自然显现的情感经常是润物细无声的。

教育是面向学生心灵的一个精细活。在一些特殊的时机，教师的一个拥抱，一个肯定的手势，一个信任的微笑，都能打开学生渴求赏识的心扉，激发其进步的热情。爱往往是一种默默地流淌的情感，爱在很多时候不是轰轰烈烈而是点滴的自然流露。李烈的伟大之处不是她的成就，而是她在教育道路上展现出的对学生真切的爱、朴实无华的爱，正如夸美纽斯所说："教师是太阳底下最光辉的职业。"②

---

① 李烈.给生命涂上爱的底色 [M].北京：高等教育出版社，2005：36.
② 丁安廉，杨茹.美丽的德育在课堂 [M].合肥：安徽教育出版社，2005：5.

3. 最美的眼神[①]

一所重点中学百年校庆的日子到了，庆祝大会隆重地举行，校长讲完话后，便是各界名流的致辞。一位知名的教授上台后，先向端坐在中央的雒老师深深地鞠了一躬，然后说："今天我有幸能站在这里，与大家共聚一堂，首先得感谢雒老师。我刚上这所中学的时候，成绩非常差，说实话，那时我已经丧失了信心和勇气。正是雒老师把我从困难中拯救了出来。此前母校做了一次问卷调查，问雒老师对我们影响最大的是什么。我的回答就是他那会说话的眼神。是的，那时候，同学看不起我，父母对我也失去了信心，然而雒老师的眼神中流动着鼓励和肯定，像一股股暖流，温暖着我自卑和沮丧的心。我就是从他的眼神中得到前进的信心和力量，一步一步走到现在的……"

后来上台的学生中，大凡雒老师教过的，无一例外地谈到了雒老师的眼神。有的认为，雒老师的眼神在严肃中传递着爱意；有的认为，雒老师的眼神在安静中透着温和；有的认为，雒老师的眼神中蕴满父亲般的慈祥；有的认为，雒老师的眼神就是一条汩汩流淌的河流，在不断地荡涤着人们的心灵……

在对人的影响上，爱的浇灌与人性的感召永远比任何形式都更重要。

眼睛是"心灵的窗户"。俗语说"眼睛会说话"，就是指不用有声语言时，眼神也能传递情感和态度。课堂教学中的眼神交流要求教师积极地关注班上的每个学生。教师在讲课时，眼睛应该与学生保持对流，使坐在角落的学生都能感受到："老师看见我了，老师在跟我点头呢！"请同学起来回答问题时，教师更应全神贯注地、亲切地注视着他。有些教师讲课时，眼睛往往只看着自己最得意的几个学生而忽视其他学生，使一些学生感到受了冷落；还有一些教师只习惯看着前排的学生，不注意看后排或角落的学生，使一些学生产生了自己不受重视的感觉。

① 马德. 最美的眼神 [J]. 中国青年，2003 (6).

4. 摸摸学生的头，成本是很低的[①]

一次，在与一个学生家长谈话的过程中说到一件事，让我颇有感触。那个学生家长对我说："我的孩子最近回家总是说上课时要积极地举手发言，我感到很奇怪，我的孩子以前是不喜欢举手发言的。孩子说，梁老师如果发现哪个学生经常举手发言，除了表扬外，还会走过去摸摸他的头。被老师摸过头后，这个学生会很自豪地坐下，脸上洋溢着兴奋和喜悦的表情。被梁老师摸过头的学生，以后就会经常举手发言。所以，我的孩子经常说要积极地举手发言，争取让老师摸摸头。"

听了家长的话，我不禁心生愧疚。我们平时总是埋怨学生不爱发言，可是我们自己又做了几回有心人呢？一个在我看来简单且随意的动作，却在学生心中留下了深刻的印象。学生会如此看重，我委实没有想到。学生是多么渴望教师的鼓励啊！教师的鼓励不仅表现在言语上，一个眼神，一个动作，哪怕再简单，再看似无足轻重，学生都会看在眼里，记在心间。学生往往会为获得教师的一句赞扬的话而竭尽全力，可是，如果我们漠视这些努力，学生的积极性便会遭受重大的打击，自尊心会受到极大的伤害。久而久之，师生之间变得冷漠也就不足为奇了。每个人都渴望获得别人的尊重和鼓励，教师尚且需要学校领导的尊重和鼓励，学生又何尝不是如此呢？

记得李镇西老师说，有一次，他在教室里批改作业时需要一支红笔，当他开口向学生借笔时，好多学生都争先恐后地说："李老师，用我的吧！""李老师，我有！"……李老师想起自己在对待学生时，却没有学生对自己的那份热情，心里很愧疚。再想想我们自己，不也有过这样的经历吗？有时一个学生到办公室来找水喝，老师连眼皮都不抬一下，只是说："那边有，自己去倒吧。"此时，我们是否想过主动起身为学生倒杯水，然后送到学生手里呢？

一个教育家说："摸摸学生的头，成本是很低的。"想一想，真有道理。

情动于中而形于外，一个人的态度、情感往往有意无意地通过外部的表

① 梁增红. 摸摸学生的头，成本是很低的 [J]. 天津教育，2008（5）.

情、动作流露出来。同样的道理，教师应有意识地通过表情、动作来表达自己对学生的态度，达到与学生的心灵交流的目的。如赞许的点头、会心的微笑、亲切的抚摸、赞美的手势等，都可表达教师对学生的爱心和善意，使学生有被重视感和被关怀感。这里我们要特别强调微笑的价值。微笑是最能表情达意的面部表情动作。微笑能表达友好的态度，微笑能使学生的心里感到轻松。借助微笑可以表达出教师对学生的积极态度，发自内心的微笑意味着"我喜欢你们""我对你们的回答很感兴趣""和你们在一起我很愉快"，以及"我相信你们也会喜欢我"。相反，如果一个教师不懂得微笑，学生可能就会认为这个教师对他们并无好感，或者认为这个教师冷漠无情，不好接近。爱孩子，应像孩子爱我们那样做。

5. 用她自己当道具[1]

金华市磐安县南园小学一级教师周巧琼一直潜心致力于小学英语研究。她在工作中虚心好学，勇于探索，不断更新教学观念。她在教学中注重创设愉悦情境，培养学生的民主合作意识，并逐渐形成了"趣、实、活、新"的教学风格，获得广泛好评。尤其是她丰富的肢体语言和生动、有趣的表情表达及善用潜意识的教学方法，更著称于金华教坛。

周巧琼在教学时很少使用其他教具，她大部分时间是用自己当道具。

譬如，在开学的第一天，周巧琼站在讲台上，发出指令"Stand up"，并辅以自身的动作示范，再要求学生们跟着重复同样的动作，5分钟内，学生们就可以自如地对"Stand up"和"Sit down"这样的指令做出完全正确的反应。与此同时，周巧琼也帮助学生建立了初学英语的信心。

再如，在教学"pardon"这个单词时，周巧琼特意点最后排的学生与她对话，并故意皱着眉，把手绕成喇叭形状放在耳边装作听不到他的话，说"pardon"？

那位同学虽然没听懂周巧琼在说什么，但是看到她的表情就会重复一遍

① 高帆，李秀华. 名师营造课堂氛围的经典细节 [M]. 重庆：西南师范大学出版社，2009.

她说过的话，即使那位同学一时没有反应过来，其他反应快的学生也会在下面不断地催促："再说一遍。"

在课堂上，周巧琼很会赞美学生，除了口头评价以外，还运用肢体语言评价学生，如学生回答问题准确到位或学生读书读得很好时，她就会走下讲台，伸出热情的双手和学生握手、拥抱，让孩子们感受到成功的喜悦。

于是，学生会更加积极地回答问题，也因此形成了良好的课堂氛围。

周巧琼善于照顾班上学习基础比较差的学生。她认为面对成绩不好的学生，更要面带微笑，用爱给他们织成一片成长的天空，以便他们以更好的表现回馈老师。

周巧琼的肢体语言运用恰当，又很幽默，所以，师生互动非常好，上起课来非常有默契。

用学生自己的话来说就是："在周老师的课上，几乎每个同学都很专心地听她讲课，没有人会睡觉。真的，我们想到的只是紧跟着周巧琼老师上课！"

从以上案例中，我们不难了解肢体语言在教学中为何能占举足轻重的地位。它不但可以帮助学生理解上课的内容，让学生巩固记忆，还可以活跃课堂气氛，引起学生的学习兴趣，使学生很愿意跟着老师学习新的内容，从而提高教学成效。周巧琼老师在教学中充分运用肢体语言来表达她对学生的赏识，这对提高课堂教学效果大有帮助。我们不难想象，如果周巧琼抱着手臂对学生说话，学生对老师的感觉将会是什么。这将直接影响学生学习的热情与兴趣。

肢体语言是一种"此处无声胜有声"的交流方式。肢体语言本身是丰富的，因为它可以传递丰富的信息。肢体语言是生动形象、经济便利、富有实效的，它的特点决定了它在教学中蕴藏着巨大的作用。在教学活动中，教师的讲话语气、眉目神情、举止态度等都可能对学生产生影响。教师的肢体语言是吸引学生注意力的一件利器。因此，作为一名优秀的教师，不但要"言传"，还要"身教"。肢体语言的教学方式，可以说是一种"多感官并用的教学方法"，非常符合现代教育的潮流。因此，教师教学除了用嘴巴表达意思之外，还应该运用各种恰当的肢体语言来表达自己的思想，用恰当的肢体语言来弥补口头语言的不足。唯有如此，才容易使学生产生共鸣，从而激发他们的想象力，收到更好的教学效果。

6. 无声的课堂①

江苏省教育科学研究院研究员魏所康著的《创新教育论》中举了这样一个例子：一位美国小学教师来我国访问，他向一所小学的校长提出让他上一堂课。这可难住了校长：这位美国教师一句汉语都不会说，我们的学生一句英语也听不懂，如何交流？结果这位美国教师就靠手势，引导学生做实验，让学生自己观察，从而使学生了解了蜗牛生存需要的温度、蜗牛所吃的食物。

学生在课堂上表现出来的求知欲、自主性让这个班的班主任大吃一惊。在这堂课上，美国教师没有说一句话，只靠手势就让学生知道了我们要讲半天学生才懂的知识，而且学生学得很有兴趣。这也从反面说明我们的教师在课堂上话说得太多，学生找不到说话的机会，就只能在座位上不由自主地说话了。看来应该调整教学策略。

教育教学过程中最重要的是沟通。沟通的方式除了语言之外，还有肢体。

曾看到过这么一组数据：信息传递形式＝7％的词语＋38％的声音＋55％的面部表情和肢体动作。由这个数据可见教师体态语的重要性，教师的一个亲切的微笑，一个关注的眼神，与学生之间形成适当的距离（如提较难问题时适合远距离，合作时适合近距离等），能有效调节学生的情绪，激起学生的学习热情，从而提高课堂效率。

有的心理学家将人的肢体语言称为"身体语言"（body language），认为它是一种非文字语言的信息传递手段，是人们广泛运用的无声信号。动作、手势等均属身体语言的范围。

要运用好肢体语言，就必须探讨一番表演艺术。也许你会纳闷："我又不要当演员，为什么要学表演？"其实肢体表演和教师教学的关系是非常密

---

① 李长娟. 有效教学与师德修养［M］. 北京：世界图书出版公司. 2009.

切的。

从某种意义上说，教师就是一个传播知识的角色的扮演者，如果能用活泼的肢体语言去打动学生的心，学生就会愿意和教师亲近，老师的引导就能充分发挥作用。

7. 教师的声音要能清晰地传递到最后一排的学生[①]

还记得初中的政治老师是个中年男士，当时没想到的是他说话的声音非常小，每次上课都要仔细辨认才可以听清楚他说的是什么。因为这个事情同学们向老师反映了很多次，但是每次刚一好转便又回归原样。久而久之，因为听课费劲，大部分的同学就选择自暴自弃，开始在课堂上开小差，更有甚者大声说话扰乱课堂，完全覆盖了老师的声音，对想要好好学习的学生造成了很大的困扰。

教师语言的修养标准，首先便是声音洪亮，掷地有声。只有教师用洪亮清晰的声音吸引学生，他们才会认真听讲不走神。如果教师的声音细若蚊吟，含糊不清，学生也就不会认真听讲，甚至有时候教师的声音会被学生的声音覆盖。

其次，教师上课的语言要富有灵活性、变化性和丰富性。这里笔者意在强调教师音调的变化和说话内容的正确性和丰富性。教师讲课时音调不能一成不变，这样容易让学生犯困，导致课堂积极性不高，但也不能随意胡乱改变音色声调，影响课堂教学质量。

素色的教学语言[②]

朱华贤

什么是素课？素课是清淡、简洁、自然状态下，没有雕琢痕迹的课，是

---

① 杨洋. 齐齐哈尔大学课程与教学论作业案例.
② 朱华贤. 期待"素课"[J]. 人民教育，2008 (8).

真实而原始的本色课。综观现在的中小学语文课，总觉得技巧太过，荤腥太多，油酱太足，色彩太浓，口味太重。我期待着这样的素课——素色的教学语言。

老师所说的，就像平时所说的。也许不是很流畅，不像著名节目主持人的脱口秀，也许没有多少比喻和夸张，也没有一大串的排比以增强气势，不像演讲赛中滔滔不绝的雄辩，热情洋溢得声嘶力竭，体态相助得手舞足蹈，更不像相声演员的语言，一惊一乍，噱头连连，悬念迭出。平时怎么说，就怎么说，有断有续，有急有缓，有点头有叹息，只不过是集中在一个话题上，只不过围绕一个中心内容，只不过开个头，引个路，就这么说说，问问，引学生想想。偶尔幽上一默，偶尔明知故问，偶尔重复几句以示警觉，偶尔也出点差错，但一旦发现，马上就承认，而且一点不感到丢面子……不时又在黑板写上几个字。

素课的气氛是宽松而随意的，态度是自由与平和的，但教师所说的，全都是内心世界的声音，没有半句夸张，没有一点虚假，没有一句为了迎合学生，也没有一句为了讨好，更没有哄骗和威吓。学生所说的，就是自己最想说的和最想问的。他们一点也没有觉得这节课特别重要，没有想到为班级和学校争光不争光，也没有要为教师撑面子的想法，甚至连严肃认真的感觉也没有。有了疑问，马上就可以问，不一定要通过举手同意，有了感受，站起来就可以说，即使是非常幼稚和荒唐的，也不会遭到嘲笑和讽刺，更不会被批评和斥责。

素色的语言，是在自然环境下的自然表达，是在和谐关系中的真实交流。说得正确而流畅，老师会由衷而简单地送去一个夸赞："行！"不会是那种让人起鸡皮疙瘩的吹捧："哇，我看你是个伟大的天才！""你将来绝对是一个伟大的作家！"说得不当或结巴，老师就会坦诚而直接地指出："真的，我觉得你说得不太好。"或许也会补问一句："再给你准备几分钟，能说好吗？"不是那种明明知道学生说得不对，故意转弯抹角地说"这倒也是一种说法"，或者"这个说法我从来没听到过"，含糊得让人不知对否。有时像聊天，但不是天南海北那么漫无边际，有时像辩论，但不是那种早已背熟的唇枪舌剑，而是发自灵魂深处的最本真的观点碰撞，有时像答问，但是，问，不是那种自己已经明确了答案的虚假话题，答，也不是那种有备而来的放之四海而皆准的"标准答案"或官方腔调。是在自由对话中生成疑问，是在愉快交谈中求得答案。

素教，可以更多地保持语文的原汁原味。素课，能更好地提高语文教学的效率；素课，最能见教师自身的功力；素课，只有素师才能执鞭，才能操持。素师，淡薄名声，不为功利，有一颗宁静的心，有一种淡泊的志。

我期待这样的素课，也期待这样的语文教师——他并不只以教学技能的精湛为毕生追求，而是把积淀和蕴含丰富的人文素养作为发力的基础。靠形式取胜，总是短暂的；靠内涵取胜，才是永恒的。

三、 教科书运用与师德修养

教科书即我们通常所说的教材。如何使用教科书？是"教教科书"，还是"用教科书教"？这是教学质量能否提高的关键。"教教科书"是教学质量下降的重要原因，要想提高教学质量，必须得"用教科书教"。所以教师要下苦功夫去钻研教科书。教师在处理教科书问题及教科书开发中的态度言行，举手投足流露出的师德修养与智慧内涵，都验证了怎么教比教什么重要。

从本质上说：教材这一概念包含了三个基本要素：（1）作为学生的知识体系所计划的事实、概念、法则、理论；（2）同知识紧密相关，有助于各种能力与熟练技巧的系统掌握、心理作业与实践作业的各种步骤、作业方式与技术；（3）知识体系与能力体系的密切结合，奠定世界观之基础的，表现为信念的、政治的、世界观的、道德的认识、观念及规范。[①] 以上观点，用新课程的理念来说，就是知识与技能，过程与方法以及情感、态度与价值观三个方面的整合。

---

① 钟启泉. 现代学科教育学论析 [M]. 西安：陕西人民教育出版社，1993.

所以，我们要下苦功夫钻研教材。包括对教材的删减、增补（相关资源的开发）、改编、重组以及通过种种设计，突出重点、突破难点等，达到教材内容的最优化。教材内容的最优化，强调的是根据教学目标任务、教材内容特点以及学生的实际情况，提炼内容的精髓，建构必要的知识背景，选择恰当的教学策略和教学媒体，使学生能以最少的时间最大限度地掌握课程内容。只有在钻研教材上下功夫，学生才能学好，才能适应新课程的考试，才能提高学生的整体素质。

新课程要求教师变"教书者"为"课程实施者"，为此，教科书之于教师，只是选用、处理，用来发展学生的文本之一，教师要变"教教科书"为"用教科书教"。面对教材，可这样用也可那样用，可多选用，也可少选用，各学校也可以自编校本教材。

同时，在教学中，师生都要把教材视为研究的材料、对话的谈资，绝不奉为"圣经"。要培育学生挑战权威的精神，要敢于对教材、教师说"不"，敢于质疑、修正、变异、创新等。只有这样，才有利于培育学生的创造性，造就创新型人才。

在正确的教学目标的指引下，教师应以教育目的为教学活动中心，灵活地使用教材，使之为教学所用，改变以往以教材为中心的错误观念，从而做到"创造性地理解和使用教材"。

以语文教学为例。尤其是中小学的语文教师，千万不能成为教材的奴隶，不能亦步亦趋地跟着教材走。是跟着教材走，还是让教材跟着自己走，这是使用语文教材的重大问题。叶圣陶早已慧眼洞察此中真谛，叶圣陶先生说："课文无非是个例子。"在新时代，笔者认为课文不只是一个例子，它和数理化的例题有不同的性质。一篇篇课文都将成为学生思想文化的组成部分，成为学生"精神的底子"，影响几代人的文化心理，所以，不能什么作品都进入教材。现在许多有价值的东西并没有写进教材，语文教师必须明白这一点，才能大胆地使用教材，利用好教材。

新课程倡导在教学过程中以课程标准为指导，以学生的需要为出发点，与学生的生活联系，激发学生学习的积极性。教材内容只是一个载体，一个引子。只有通过师生的互动，由学习"点"的知识达到对"类"的知识的掌握，才能体现新课程中教材的开放性与生成性。

1."书上错了"和教材不足①

终于进入最后一段的教学。

首先我请学生自由朗读课文。在巡视过程中，"个性派"胡睿突然拉住我的衣袖说："刘老师，书上错了！"我好奇地追问，只听他振振有词地说："这里用你太不尊重母亲了，应该用'您'。"我望着书上陈毅说的那句"从小到大，你不只为我洗了多少次衣服"，意味深长地点点头，"有道理，我还想听听其他小朋友的意见。"

自读结束后，我把这个问题提出来请全班同学探讨，大家争先恐后地发表自己的观点。学习委员蒙心田的话最有说服力："'您'是对长辈的称呼，用'您'能表达陈毅元帅对母亲的敬爱之情。"在大伙的意见达成一致后，我大力表扬了那个敢于挑战书本的学生，全班同学都为他鼓掌，他得意地笑了，那是麦哲伦发现新大陆的欣喜表情。

接着，我让学生拿出铅笔，当堂把"你"改成"您"。在学生动笔的过程中，我又发现有的学生把这一段中所有的"你"都改成了"您"，包括陈毅母亲说的那句"你也五十多岁了，还替娘洗衣服"中的"你"字。我提出来请大家讨论，反对的学生很多，理由也很充分，连一向害羞的张磊也艺高人胆大起来："长辈对晚辈说话时用'你'，这里改成'您'不是弄反了吗？那会闹笑话的。"看到他们能自主地提出问题，讨论问题，解决问题，我觉得轻松了许多，学生们也在主动自觉的氛围中学到了知识，陶冶了情操。

---

① 《人民教育》编辑部. 新课程优秀教学设计与案例（小学语文卷）［M］. 海口：海南出版社，2002.

最后，课堂教学在学生们有感情的朗读声中结束了。

2. 学习课文《詹天佑》

无独有偶，某教师在讲解《詹天佑》一文时，问学生："詹天佑是怎样一个人？"多数学生根据课文叙述，很快找到答案：他是"杰出的爱国工程师"。但一位学生却发表异议，认为他是一个具有创新精神的人。老师敏感地抓住了这一观点，引导学生深入研究文章，从文章中寻找根据。学生从詹天佑开凿隧道和设计"人"字形线路等创举中体悟到，他的确具有创新精神。学生又疑惑：为什么没有写上这一点呢？是不是说明教材也有不足？老师肯定了学生的质疑。学生们进一步说，可不可以修改课文？老师说："为什么不可以？那，你们觉得该怎么改呢？"于是，学生们开始修改课文……

以上两个案例中的这两位教师显然都确立了以学生为主体、尊重学生主动权、培育学生创造性等教育理念，师生不再"奉教材为圣经"，而是在"用教材"学习、研讨，敢于对教材进行创造性的改动。后一案例还促进了人民教育出版社修订教材时对《詹天佑》一课增加了相应的练习，弥补了原教材的不足。

传统的教学只是教教科书，教科书就成了师生教学的文本，也成了教学的唯一内容。如今，新课程标准指出，教师要立足于教材，而不局限于教材，要从"教教科书"走向"用教科书教"。教材是教学的一种重要资源，但不是唯一的资源。备课的过程，应是教师循序渐进地提高的过程，备课时，教师在关键处"巧设"问题，以帮助学生有的放矢地积极思考，创造研究、表达的机会，不仅能提高学生理解文本深层内容的研析能力，还可以提高学生的口头表达能力，有利于学生综合素质的提高。

问题的设计应具有针对性，化繁为简，变难为易，由表及里，纲举目张，善于抓住教材的最佳切入点带动全篇，立足于教材的宏观背景，联系实际，力求提纲挈领，引发学生思考。巴尔扎克说过："提出一个问题往往比解决一个问题重要。"在教师的正确引导下，学生最终将学会提出问题、分析问题、解决问题，真正达成教学目标。

3. 学习《我的战友邱少云》

窦桂梅老师在讲《我的战友邱少云》一课时，重点抓住"邱少云像千斤巨石一般趴在火堆里一动不动，烈火在他身上烧了半个多小时才渐渐熄灭。这个伟大的战士直到生命的最后一息，也没挪动一寸地方，没发出一声呻吟"这两句话，让学生体会这位英雄人物的内心世界。同学们讨论了之后，有的说："他的牺牲可不是被一颗子弹射中那么简单，被烈火活活地烧着他还一动不起，邱少云真了不起。"有个学生说："我想，邱少云肯定像电影中的英雄人物那样，在心里高喊：祖国万岁！共产党万岁！"这时有一个学生站起来说："我不同意他的看法，我被开水烫过一次，那种疼痛实在难忍，当时我什么也没想，就是挺着没有哭。大火在邱少云的全身燃烧，他肯定没有想那么多，心里保证只有一个念头：挺住挺住再挺住！坚持坚持再坚持！是这个念头支撑着他一动不动，直到生命的最后一息也没发出一声呻吟。"

当老师要表扬这位同学的见解独特时，突然，有一位学生站起来大声说："不对！我觉得有问题，火势多大呀，敌人又那么近，很容易被发现。他身上又带了子弹、手榴弹，火烧了那么长时间，这些一点就着的易燃物，怎么没有爆炸呢？"老师惊愕了，这可是她教了好几遍这篇课文却从来没想过的问题。她不知道怎么回答。课堂一时静了下来。

她想，这是学生敢于向教材、向老师挑战的思考，应该抓住这个契机，引导学生讨论。但是发问者自己解决了这个问题。他说："老师，枪支弹药一爆炸，整个形势就会发生变化，就会影响战斗的胜利，导致战士的伤亡。邱少云会想，光身体一动不动可不行，他肯定会把一只手深深往泥土里抠，使劲地抠，奋力想把子弹或手榴弹埋在泥土下面，同时要忍受大火对他无情的燃烧。最后用身子死死压住泥土，直到生命的最后一息也没挪动一寸地方，没发出一声呻吟。"也有同学建议给邱少云当年所在的部队写封信，了解了解当时的真实情况。且不管他的回答是否符合当时的情况，但他这种敢于超越教材和教师的思维方法，就让我们发自内心地为之喝彩。

在新课标提出以前，教材是课程实施的唯一资源，教材处于教学的中心地位，教师都要求学生背教材，记教材，即教师是在"教教材"。在新课标中则提倡"用教材教"，就是要创造性地理解和使用教材，并充分开发各种课程资源，实现新课程"以人为本"的教育理念，使教材更好地服务于教师和学生。那么，如何在新课程中"用教材教"呢？在教学中，不仅要关注客观的、系统的学科知识，而且要关注那些主观的、情境化的个人知识、生活经验，着眼于现实生活和儿童的生活经验，以教师自己的学识和经验来分析处理教材、挖掘教材、超越教材、发展教材，从而更好地用好教材。

教师五层次[1]

毛志成

作为一种职业，或是仅仅作为一种职业，凡是泛称为"从事教学活动的人"都可被名之为教师。但在实际上，同是被泛称或自称教师的人之中，其德其才在层次上却千差万别，依序大致可分为五等——大教师，好教师，教书匠，以教谋生者，因教误人者。

一、大教师

这里说的"大教师"不是依据什么大头衔或什么高级职称而定的，只是依据德行上乘、智能足备而定。德行上乘是指在教人的事上有善意，有爱心；智能足备，是指在教学的事上有见识，有智慧。无论这样的教师有没有大头衔，有没有大称号，但在实际上他是教育家，哪怕他仅仅是中学教师、小学教师，或是幼儿园教师。

有的人虽然获取了高级职称，做了高级教师、特级教师、教授，但未必配得上大教师之誉。他们往往只囤积了某些"死学问""模式化教学程式"，无生动感，无文采感，是机器式的。而另有一种教师哪怕没有大头衔、高职称（如仅仅是小学教师、幼儿园教师），他做人、教学都实现了第一流的生动

---

① 毛志成. 教师五层次 [J]. 人民教育，1999 (02).

性，爱学生爱得有感染力，有影响力，而且有深刻的、系统的、睿智的教育思想和教育本领，后者就堪称大教师，亦可称之为教育家。

二、好教师

那些爱岗敬业者，比起大教师来，有人虽然爱学生爱得有点儿婆婆妈妈，在教学上能尽心尽力，苦累不计，只是学问不大，讲课也表现不出特别的生动性、灵活性。尽管如此，他爱学生的心是无比赤诚的，火辣辣的；每当他走进课堂时就会全身心地投入，付出多大辛苦和多少汗水也心甘情愿。这样的教师在才智上未必杰出，工作未必出色，但又绝对当得起好教师的美誉，在主观上和客观上都有益于学生，是令人尊敬的。

三、教书匠

教书匠若能名副其实地堪称"匠人"，也应给予适度肯定，适度尊重。须知做名副其实的"匠人"也太不易，不够格的至少也有相当比例。所谓"匠人"，虽然可无大智慧，无大才干，无大创造性，但又大都不违基本知识、基本技法，教育教学上有据可依，有章可循。而某些连"平平教书匠"也不够格的"教育界混子"，哪里有资格自称为"匠"？当然，我们希望教书匠提高档次，提高教育和教学的生动性——首先是提高教师的人格品位和教师的事业心。

四、以教谋生者

这种人只是将教师当成一种职业，而不是事业，全部心思就是以此谋职、谋生——包括谋食、谋禄、谋岗、谋日子。当然，这样的人若是虽不爱业却也守业，虽不爱职却也尽职，在工资、福利、房子、职称上虽竞相争之，但又不因此废业废职，基本上还算是个本分人、安分人，也就不应该讥讽人家、鄙夷人家。但在推荐优秀教师、可敬园丁时，我们却不要马马虎虎、随随便便地举他的手，因为他不是教育事业上的热心人和行家。

五、因教误人者

误人的人各式各样，都会牵连出种种隐患，但因教误人的人尤可厌，乃至可鄙——因为他误的是"子弟"，是孩子，是青年。误人子弟的教师中，沾了"恶人""坏人"边的人无疑很少很少，但对他们也绝不能投鼠忌器，而要严肃处理。

然而，若是问及"教师之中有无小人"，我们的回答就不一定取断然否定态度。至少，在教师队伍中，有"小人气"的人像在其他行业中的人一样，都没绝迹。今天，有些教师在个人名利上、个人恩怨上搞一点小争端，大都正常，无足苛责。但是，要劝告他们，应当自省、自律，若将身上那股子"小人气"去熏染学生、浊化学生，这种"反崇高"效应也许是误人子弟中的致命之误。人格矮化，从根本上说应与为人师表绝缘。

四、 提问理答与师德修养

"在一个充满优质问题和优质提问方式的课堂气氛中，学生意识到对于他们的学习具有一种共享的责任感。"本节中的"提问"特指教师向学生提出问题，"理答"则指教师对学生提出答案后的处理，包括教师对待学生答案的态度与处理方式。"理"为梳理、整理，统称为处理。

在课堂上，我们常看到这样的现象：学生的回答很有价值，却因教师处理欠当，使原本可以有效利用的课程资源白白浪费了。一般情形都是在教师提出问题后，如果学生答对了，教师很高兴，如果学生答得不对，教师皱皱眉头，又换别人，对没答对的学生置之不理，教师的注意力往往放在能说出"标准答案"的学生身上。"当学生终于举起手来，在众目睽睽之下回答错误时，你是批评，是不置可否，是简单让其他同学给予纠正，还是对于课堂上经学生思考后的东西无论对错都先予接纳，然后再引导学生加以讨论、辨析，使学生认识得到升华，使得课堂充满温情又彰显活力"[①]？ 其实，在"提问与理答"这一环节最能看出教师的真功夫——把握动态课堂的能力。"课堂提问

① 教育部师范教育司. 刘可钦与主体教育 [M]. 北京：北京师范大学出版社，2006.

行为是一个整体的动态过程"，它使课堂充满了变数，时刻考验着教师的心智，也处处潜伏着能够生成精彩的契机。

提问理答是有效课堂教学的一个难点，这一教学环节看似平常但又令教师难以驾驭。我们在实践中应当探求教师会遇到哪些疑难问题，找出一些司空见惯却隐含着的背离有效教学的做法的症结，探寻解决对策，开拓教师有效理答的必经之路。

教师提问，不仅是为了得到一个正确的答案，更重要的是让学生掌握已学过的知识，并利用旧知识解决新问题，或使教学向更深一层发展。提问有很多技巧，在语言顺序上就能够体现，如有的教师先叫名字，然后提问题，这样其他学生就会觉得"和我不相干"，不去思考，而且对被叫者是一个"突然袭击"，容易"卡壳"。提问最好是能启发多数学生的思维，针对不同水平的学生提出难度不同的问题，使尽可能多的学生参与回答①。

在课堂上，教师向学生提出问题，学生回答后，教师如何处理学生回答的问题？教师做出的判断（肯定、否定）和引导，包括教师理答时对学生的态度、对问题本身的反馈等都存在哪些问题？观察发现，在课堂教学中，教师向学生提出问题后，面对学生的回答，教师理答的情形五花八门。我们认为，有效教学必须明确提问理答的基本内涵与关注要点。

事例点击

1. 教师提问后，要尽量让学生回答，教师自己不要越俎代庖。

教师提问后，如果学生答对了，教师要给予积极的肯定；如果学生答错了，教师不应急于告诉学生正确答案，而应为学生提供表达、讨论的机会，通过引导，尽量让学生自己尝试寻求答案，这样做会使学生对问题理解得更深更透。

---

① 俞如旺. 生物微格教学［M］. 厦门：厦门大学出版社，2007.

五元钱的诺贝尔物理学奖金①

田立君

我的学生向我讲过这样一个故事：

初二下学期的某一天，我们在上物理课。物理老师讲了一道他自认为很有难度的习题后，在黑板前得意地指着板书，说："怎么样？是不是有点难？想不到我的思路吧！"这时，我在底下小声说："这算啥呀！我的方法比你的简单多了！""哦？谁说的？站起来！"我有些紧张，但还是又来了一句："你的步骤太麻烦了！"没想到，老师非但没生气，还让我到黑板上演示。我在他的板书旁留下了自己的算式，刚要返回座位上，老师拦住我，只见他从裤兜里掏出一张皱巴巴的五元纸币，用手抻了抻，似乎要把那脏乎乎的纸币抻得平一些，然后他面向全班同学，郑重地说："今天此刻，我要给万硕同学发一项物理奖，奖金就是这五元钱！他比我聪明多了！我相信未来某一天，他也许会为中国赢得真正的诺贝尔物理学奖！"他的声音和语气充满了不容置疑的庄重。他转过头来，双手把"奖金"交给我，那一刻，我的眼睛湿润了！从小到大，我没少打架惹事，挨打挨训，但从没被什么感动过，那一刻，接过老师的五元钱，我哭了！老师拍拍我的头，快步走到黑板旁，在我的算式前加上了"万硕原理"几个字，他以我的名字命名了这道题！从此，我盼着上物理课，盼着他的身影出现在我们班门口。

后来，我的这个学生考上了同济大学，现在上海交通大学读研究生。

上述案例让我们思考：当学生的回答超出老师的水平或老师的预计时，老师怎么办？我想案例中的物理老师已给我们做出了感人的答案。

如果学生提出的问题超出了教师的预料，甚至给教师出了难题，教师要诚实、有勇气面对。教师要让学生知道，教师不是万能的，学生在某些方面超越教师也是可喜可贺的。教师的实事求是与宽阔的胸怀不但能真正赢得学生的尊敬，而且对学生提问能力的培养往往具有事半功倍的效果。

---

① 这是一个真实的故事。是作者的一个学生讲述的他的初中物理老师的故事。

2．当学生对教师给出或讲解的答案有疑问或困惑时，教师要及时反馈，让学生明白，此时教师的态度应是"知之为知之，不知为不知"，不可含糊带过。

<h3 style="text-align:center">老师，你慌什么①</h3>

我在小学时，因为各种因素换了很多个任课老师和班主任，几乎每一年带我们的班主任都不是同一个老师。但我直到现在都没办法忘记我六年级的班主任兼数学老师。

她是个很有脾气的女老师。似乎在她的眼中，成绩好的孩子就是最优秀的孩子，唯独我是个例外。

在成绩好的一群学生当中，我是唯一不被她重视，也是经常被成绩好的同学排除在外的一个，但我一直不太在意他们对我的态度。或许是因为这种不在意，所以老师更不重视我，总是忽略我的感受。

记得六年级上学期的一个下午，她在讲解练习的时候，准备叫学生回答出那两个小题的答案。她的眼睛在一群平时成绩拔尖的同学脸上扫过之后，他们都没有举手的意思。我看了看自己的答案，举了手。老师的眼睛在我脸上停留了几秒钟，然后看了一眼成绩好的那几个学生，又顿了几秒，点了我的名字。

我报出第一个答案之后，很多同学都发出不屑的声音，还夹杂着某些笑声。意思似乎是我跟他们的答案很不相似，而且像是我的错了，在老师面前丢了丑。老师看到这些反应之后，赶紧点了另一个成绩较好的同学的名，让她报出自己的答案。

老师听到她的答案与我的答案不一样，就把我的答案擦去，写上她报的数字，然后让她坐下。

接着她让我报出下一题的答案。我说出来之后，下面同学的反应比上一

---

① 本文为齐齐哈尔大学艺术学院学生作业案例.

题更激烈，有同学明显地说出嘲讽的话。

老师瞪了我一眼，擦去刚刚写上的第二题的答案，让另一个同学说出她的答案，然后让她坐下。

作为写错答案的惩罚，她让我站在座位上。

讲解完第一题之后，她发现正确答案跟她写在黑板上的不一样，就慌忙擦去了那个数字，写上正确答案。当发现第二题也错了的时候，她明显表示很不满意，重重地擦去了那个错误的答案。

我看着那一刻黑板上与我的练习本上相同的数字，心里有一种说不出的委屈。

但她似乎不记得我的答案了，只是回过头看见我还站着，皱了皱眉，开口让我坐下。

从那一刻开始，这个老师在我心里的地位一落千丈。从此以后，她的课我再也没有什么心思去听讲，也不再积极举手发言。

直到毕业之后，我再遇见她，也叫不出口那一声"老师"。

一名学生答完，教师理答——但教师对学生的回答总结得并不及时也并不对，请您思考这是为什么。在课堂教学中，教师的作用是引导、点拨、补漏、纠偏、答疑等。如果对学生的回答不作为，则意味着教师没有履行好自己应尽的职责。教师应当激励学生进行思考，鼓励和支持学生之间的互动，积极倾听，对学生的回答做出有效的反馈和详细的阐述，为学生接受反馈提供礼貌和尊重的环境。

3. 要面向全体学生提问，让每位学生都有回答的机会。教师提问后，不要立刻找学生答，要给学生充裕的思考时间。

课堂提问①

高二的一个下午的语文课上，老师要提问上节课学习的古诗文，我正迫

----

① 这个案例来自齐齐哈尔大学美术学院国画专业的马丽娜。

不及待地等着老师叫我的名字。我不是一个很爱学习的孩子，在班级最后一排坐着，很少受到老师的重视。但是那一堂课学的古文我早在前一天晚上就花两个小时背好了，我很自信地等待着老师的提问。语文老师的提问不是随机抽查，而是按顺序从前往后每人一句背诵，终于轮到我了，刚要站起身来，却被老师的一句"右边第一排的第一名同学站起来接着背"给制止住了。看到老师正在用温和的目光看着正在背诵的同学，我很失望、很气愤，难道我不是这班的学生吗？后排的学生就要受歧视、就是坏孩子吗？从那以后我再没有学过语文，没有背过古文，在课堂上除了睡觉就是睡觉。

通过对课堂教学的观察和研究发现，并不是所有的学生都参与到所有的问题的回答中来，教师经常会叫一些主动回答问题的学生，这部分学生群体往往比较固定。同时发现，教师在提出问题之后，在叫学生回答之前，等待的时间往往不足，在学生做出回答后，教师在开口讲话之前往往没有任何的停顿。一些教师认为，"等待时间只有与高质量的问题相关联时才是必要的"[1]。很多教师为了赶进度，保证课堂完成备课计划，提问后几乎不给学生思考时间，结果使学生对内容的思考不深入，甚至产生挫败感，参与的积极性反而不高。如果能多一些等待时间激发学生的思考，就会有更多的学生给出此问题的答案。

掌声响起来[2]

陆 晖

在教学"比例"这个单元时，由于知识比较抽象，课堂气氛有点沉闷，学生对于提问，最喜欢的就是集体回答。虽然学生们在分小组讨论时都很投

① Jackie Acree Walsh, Beth Dankert Sattes. 优质提问教学法 [M]. 刘彦，译. 北京：中国轻工业出版社，2009.

② 陆晖. 掌声响起来 [J]. www. szls. cn.

入，但要他们举手发言，或大胆地表达他们的见解时，却总是要么怕回答错被别人笑话，要么觉得问题太简单不愿回答。为了检测学生的学习情况，我除了请举手的同学回答问题外，还随机指名学生回答问题。

在学完比例的意义和基本性质后，我在练习课上进行了一项练习：要求学生根据比例的意义或基本性质来判断哪些组中的四个数可以组成比例。由于要了解不同层次学生掌握知识的情况，我先请举手的学生回答，然后请了内向、特别怕发言、即使点到名也很难发言的丁依辰同学回答，其他的学生听到我点了丁依辰，看到他紧闭着嘴巴，根本就没想发言的一脸茫然的样子，再想到他平时的表现，不由自主地哄堂大笑，他自己的脸也不由自主地红了。在这种情景下，丁依辰肯定是不发言了，而在平时，一般我也就不强求他回答问题了，总想着是否能给他留有一点余地。

可这次，我没有放弃，心里想着能不能改变一下做法呢？于是，我对其他的学生进行了制止："请大家不要笑他！他就是会回答这个问题，被你们一笑，也不敢说了。"教室里顿时安静了下来。接着，我又对大家说："来，让我们给他点掌声，让他有点信心，好吗？"没等我的话讲完，教室里就爆发出一阵雷鸣般的掌声。丁依辰显然也被这场面惊呆了，他的脸显得更红了。教室里出现了少有的沉寂，气氛显得庄严而又充满期待，再也没有一个学生偷着乐了，所有的目光都集中到丁依辰的脸上。这时，丁依辰显然被感动了，只见他的脸涨得通红，深吸了一口气，回答道："200比300与400比600可以组成比例。"尽管他的声音并不十分响亮，但十分流畅，学生们待了一会儿，没等我发话，教室里就发出了充满鼓励与友爱的掌声，我也不由自主地和学生一起鼓起了掌。

丁依辰坐在座位上，长舒了一口气，嘴角一咧，开心地笑了，这是自信的笑、快乐的笑。我也发自内心地笑了，学生们见此情景，也不约而同地舒心地大笑，这笑声不含任何杂质，这是学生们最纯洁、最友爱、最有意义的笑声。

由于我与其他学生的一次鼓励，平时内向、不善言辞、不愿发言的学生有了一次锻炼的机会，虽然是一次小小的机会，但对学生的震撼是非常大的。这节数学课上发生的这个小插曲，使我想到，在推行素质教育、实施新课程标准的今天，只有注意了解学生发展中的需求，帮助学生认识自我、建立自信，才能调动学生的积极性。

陆老师的课堂提问真让我们感动！这和时下某些课堂上教师"为什么"连声问个不停的方式相比是多么的不同。就像刘可钦老师在教学实践中探讨的一样，她说：我想能否变一种方式，把"你是怎么想的"改变为"能把你的想法说给大家听听吗"。因为前者是学生处于教师的对立面，以回答是否正确为主要依据；在后者中，教师是学生的倾听者，更关注学生的实际想法。如果试图让所有学生承担学习任务，可采用"谁愿意讲给大家听"，而不是"谁能讲给老师听"的方式。当学生百思不得其解时，可说"老师这儿有一种解法，你们看行不行"，而不是"看黑板听老师讲"。上课提问的方式也是教师教育价值观的间接体现。请问：你的学生观是什么？是否面向全体学生？

4. 教师的提问要有"含金量"，避免一问到底的课堂。

把学生的思维引向深入[①]

这是一节小学数学混合运算课，教师预设情境，提出问题：在某旅游团中，9人一组，已经分了4组，还剩5人，旅游团一共有多少人？学生先画图，后列出算式 $9×4+5=41$（人）。教师问：还能写出其他不同的算式吗？在教师的有效引导下，学生又说出了 $4×9+5=41$（人），$5×9-4=41$（人），$5+9×4=41$（人），$4×10+1=41$（人）四个式子，并对每个式子进行了合理解释。然后，教师又引导学生分析这些式子的相同点与不同点，得出了混合运算的概念，并总结出混合运算的计算法则是"先算乘除再算加减"。可见，教师一次又一次的智慧理答可以把学生的思维一步步引向深入。

Jackie Acree Walsh（杰基·阿克里·沃尔什）和 Beth Dankert Sattes

---

① 徐洁. 谈对学生提问的智慧理答. 教育视点. http://news.cersp.com.

（贝思·丹克特·萨特斯）在《优质提问教学法》中谈道："我们的教学课堂是一个教师不断提问，学生不断回答的过程。""大部分教师所提的问题是有关事实、回忆或者知识的，处在比较低的认知水平上。"为了使提出的问题能够促进学生的学习，教师应当有目的有计划地提出问题，使学生参与到高水平的思考中，保证与教学目标相吻合并能促进学生思考。经过认真准备并精心选择少量问题比提出很多问题更可取。

5. 教师提问，学生回答时，教师要关注学生的感受。所有学生的回答都是值得尊重的。要知道教师理答的方式与态度反映的是教师的教育价值观及师德水平。

屡被随意打断的回答①

这是一堂语文观摩课，讲的是冯骥才先生的美文《珍珠鸟》。本课主要解决"珍珠鸟是怎样逐步信赖我的"这个问题。学生带着问题读了几分钟的课文后，与同桌进行交流，然后，教师请学生回答。第一位学生说得非常简单，自然漏掉了很多情节。教师显然不满意，于是又请了一位学生。这位学生显然比较有把握，语言也流畅。在学生说了一两句后，教师便板书关键词"笼子四周"。这位教师板书的内容真不少，计有"屋里、书桌、杯子、肩上，感到陌生、胆子大了、完全放心、不去打扰、不去伤害、抚摸绒毛"等共36字，教师均一笔一画地认真书写。

每当教师转身板书时，学生便很自觉地停下，耐心地等教师回过头来再接着说。有时候他没说到教师要板书的词语上，教师就请其他学生回答。作家的文笔极为细腻动人，记录了许多感人的情节，于是教师又引导学生逐段读书——都是齐读，读不好，就指名学生读。总之，开始回答问题的那个学生站了10余分钟才坐下。

我注意到：很多时候这个学生都是被晾在一边，他不但没把自己的话说

---

① 谈永康. 关爱学生的心灵：课堂观察手记 [N]. 中国教育资讯报，2002-08-21.

完，后来的话还由另外的学生补充，而且他刚开始回答时所表现出来的自信与耐心也逐渐被无奈与消极等待所替代。本该完整的发言被教师随意、无情地一次次打断，最后被剥夺了把话说完整的权利，这一切都在师生习以为常的状态下进行。没有学生意识到这个问题，他们被教师牵引，跟着教师的问题拼命地运转，所以那位被伤害的学生最后也沉默地坐了下来。

上述案例让我们思考：当学生的回答不符合教师的想法和教师圈定的答案时，教师如何处理？

学生在校的大部分时间是在课堂上度过的，因此课堂上的学习、精神生活的质量，直接关乎学生心灵的成长。我们常关注课堂设计是否新颖，是否有效，而对发言、板书等教学细节比较大意。细节见精神，关爱学生的心灵，最好的抓手就是这些细枝末节。

在这个案例中，教师随意打断学生的发言，乍看是学生不能说到点子上，往深里想则是教师缺乏对学生起码的尊重：既然是让学生谈自己的理解，为什么非要学生说到你要板书的重点词呢？你现在是让这名学生回答，怎么突然穿插朗读课文的环节？这本是不同层次的要求啊！而且让一个学生回答问题一站就是 10 分钟，其间还对他不管不理，可见老师心中只有自己的教案，早已把学生忘在了脑后。

当学生终于举起手来，在众目睽睽之下回答错误时，你是批评，是不置可否，是简单让其他同学给予纠正，还是对于课堂上经学生思考后的东西无论对错都先予接纳，然后再引导学生加以讨论、辨析，使学生的认识得到升华，使得课堂充满温情又彰显活力？[1] 上述反面案例值得教师对照深思。

"谁同意他的判断请举手"[2]

我在一次听课中遇到这样一件事，一位教师请学生判断哪组线段是互相垂直的，有一名学生将形如"╳"的两条直线也说成是互相垂直的。显然教

---

① 教育部师范教育司组.刘可钦与主体教育 [M].北京：北京师范大学出版社，2006：127.
② 教育部师范教育司组.刘可钦与主体教育 [M].北京：北京师范大学出版社，2006：127.

师没有预料到在课的最后学生还会出现错误，就简单地采取了"谁同意他的判断请举手"的方式，班里只有3个人举手同意。教师则以多数同学不同意来说明这4名同学的方法错误。那位学生因积极举手而争取到机会，却因答错了不得不涨红着脸坐下。另3名同学也因属于明显的少数派而感到沮丧。

显然，教师的处理方法简单而不近情理。刘可钦老师认为巧妙地维护学生的自尊，才能够显示出师德修养的魅力。

正确的做法应当是这样的：

生：第二组的两条线也是互相垂直的。（错误的答案）

师：（并不急于指出错误）我们用什么方法检验它们是不是互相垂直呢？

学生在教师的进一步启发下，会想到用三角板检验一下，进而知道它们不是互相垂直的。（学生可能是尚未掌握概念或视觉带来的误差）

教师仍不能轻易指出这是错的，而应当用非常宽容理解的口吻对他说："看来有时只凭眼睛观察是不准确的，可能你坐的位置靠后，造成了这种误差。"这样既纠正了学生的错误，又维护了学生的自尊，而自尊必将产生自信。

教师的权威不是建立在学生的被动与无知的基础上，而是建立在理解、宽容、尊重学生的能力之上，这是师德修养在课堂教学情境中的自然流露。巧妙地维护学生的自尊，是每个有主体教育观念的教师必备的能力。当学生站起来答错时，我们不能只关注知识的对与错，首先应想到学生为什么会答错，轻易指出其错误会给他带来什么样的伤害，然后设法引导学生的思维走向正确的路线。

第44届国际教育大会通过的《行动纲领草案》中把"减少学习失败"作为一个优先事项，提出教育以灌溉适应学生的个人潜能，培养自尊心和增强学习成功的意志为主，正说明了"维护学生自尊能力"的重要性。

教师要提高这种能力，首先要树立主体教育观念，并在这种观念的指导下实践，在实践中不断丰富主体教育观念，进而转化为一种自觉行为。

教师在课堂上要注重"心灵自由"与"心灵安全"氛围的营造。"心灵自由"与"心灵安全"是创新思维得以进行的、创新成果得以形成的两个心理条件。一个创新主体，如果连"心灵自由"与"心灵安全"都没有，就很难进行创新活动，当然也就不可能达到创新成功。

要让学生获得"心灵自由"与"心灵安全"，首先就要消除学生的"胆怯"心理，要让学生有一种创造的自信。要让学生获得自信，就要破除师道尊严。教师应有一种民主的气度。尊重与众不同的疑问，尊重与众不同的观念，给学生以无限的学习机会。假如在课堂上教师以一个权威自居、一个判官自居，那么，学生就不可能形成一种自信，民主的氛围不可能形成，哪里还谈得上心灵的自由与安全呢？

6. 教师提问后，学生的回答五花八门，但最终教师要对学生的答案做出明晰的判断。

尽管新课程教学理念强调多元，但课堂不能放任自流，对问题的价值判断虽不是一元的，但教师也要有基本的价值准则，给学生以明确的导向。

"老师，我觉得西门豹有点太残忍了！"①

特级教师支玉恒教《西门豹》一课时，向学生问了四个问题，其中一个是"读了这篇文章后，你们心里痛快吗"，学生们有的说："我痛快，他又为民除害了。"有的说："我痛快，他又救下一位姑娘了。"有的说："我也痛快，他还带领人民兴修了水利。"……当然也有人说的不一样，有一个女生说："老师，我觉得西门豹有点太残忍了！"我没有想到她会感到西门豹残忍，我问她为什么，她说："把官绅扔进河里，我也觉得该扔，可巫婆，一个那么大岁数的老太太，你就是把她关起来，她也活不了多长时间，何况关起来她也做不了什么坏事了，为啥非得把她也扔进河里，当下就把她淹死不可呢？"我说："我很理解你，你是个女孩子，你富有同情心。"这就是学生独特的体验，但独特的体验不一定是正确的，所以语文课程标准中还有一句：要对学生进

---

① 支玉恒. 支玉恒老师教语文 [M]. 上海：华东师范大学出版社，2009：24-25.

行价值观的引导。如果她说同情巫婆，我就说"你有毛病呀？你坐下，坐下"，那这孩子以后就可能永远不吭声了，我就把一个心灵的火花给扑灭了。但是对这样的学生也要引导啊，不引导，她总同情坏人怎么行呢？于是我对她说："这样吧，你可以保留你的想法，但是我建议你再好好读两段课文，一段是巫婆领着官绅挨家挨户去选新娘，另一段是把新娘放在苇席上漂在河里。下边我和同学们继续学习，你可以不参加我们的活动，独立进行学习。"

停了一会儿，她举手了，说："老师，我现在不同情她了。"我问："怎么又不同情了呢？"她说："我给你读读这一段：有钱的人家花点钱就过去了，没钱的只好眼睁睁地看着女孩被他们拉走。"孩子都掉眼泪了，她说："老师，我也是一个女孩儿，如果我也生活在那个时代，我们家没钱，我的父母只能看着我被巫婆活活地拉走，放在苇席上，一开始还是漂着的，最后就沉入了旋涡。我多惨啊，我爸爸妈妈得哭成啥样啊！这都是谁搞的呀？不就是那个可恶的巫婆搞的吗？"

"她改变了看法，价值观就引导过来了。"支老师对此深有体会：你若不给学生相当大的空间，不让学生去自由地表达，她怎么会有这样深刻的体验呢？怎么会把自己放到课文里去思考呢？怎么能这么入情入境地去读一篇古代的故事呢？只有给学生提供了空间，才能实现课程标准所倡导的自主学习、个性化发展。因此，问题的设计特别重要。我们设计问题时，我们把问题写在教案上时，要想一想这个问题有几个同学能回答，答到第几个就没话说了。如果这个问题真能做到所有的学生都说不尽，那这个问题就是有价值的问题。当学生课上回答问题的答案与教师想法不一样时，怎么办？是为了一味地赶教学进度，把学生引回预设好的答案上，还是千方百计让他的想法、他的结论和他的疑虑有一个表述的机会，使得课堂因他提出的问题而更加精彩呢？支老师的案例为刘可钦老师的理想课堂做了最好的注释和解答。

我一直在思考这样一个问题：教师怎样成为更好的提问者？教师必须明确，并不是所有的问题都有一个标准答案。教师要激发学生回答，"帮助回答不出问题的学生并对学生的回答进行加工：提供适当的反馈、扩展，应用正确的回答，引发学生更多的反应和问题"①。我想这是有效教学的重要一课，也是切实推进教师专业发展的重要一课。

教师课堂提问的注意事项

教师在课堂教学过程中根据教学内容、学生认知水平和课堂调控的需要对学生提出问题让学生回答，这一过程是教师及时观察了解学生学习状态、学习方法和学习效果的好时机。教师可以从学生的答案的准确性、回答问题时的表情、回答问题的流利程度得到学生对知识的掌握情况和对问题的思考程度，并据此进行学生学习评价。

教师在进行课堂提问时要注意以下问题：第一，问题难度要适宜。难度适宜的问题既不会使学生丧失学习的兴趣和积极性，同时会挖掘学生的潜能，促进其进步，更容易让教师了解不同水平层次的学生的课堂学习情况，有利于对学生进行评价。第二，提问频率要适量。过多的课堂提问不仅费时而且容易使学生出现盲目回答的情况，次数适当的提问既有利于学生在相对轻松的课堂氛围中保持良好的听课积极性，又有利于教师及时观察、反思、调整。第三，提问后要留出适当的等候时间。一般情况下数秒钟即可，但也可以根据问题的难度适当调整等候时间。第四，合理搭配封闭型问题与开放型问题。封闭型问题易于考查学生对基础知识和课本内容的习得水平，能反映出学生上课是否认真听讲；开放型问题不仅能反映学生对基础知识的掌握情况，而且易于考查学生对习得知识的迁移、拓展、举一反三的能力。第五，根据学生回答情况灵活调整提问角度或内容。问题提出以后教师要观察学生的反应，如果大多数学生都能回答得准确、迅速，教师则应试着提高问题难度或调整问题角度；反之，则应降低问题难度。

---

① Jackie Acree Walsh, Beth Dankert Sattes. 优质提问教学法［M］. 刘彦，译. 北京：中国轻工业出版社，2009.

一般来说，教师发问的情况有三种：一是发现个别事实并加以系统化的发问，实质是巩固学生知识的发问；二是认识和把握事物关系的发问，实质是发展学生思维的发问；三是使学生意识到问题所在的发问，它可以引导学生探讨客观事物的现象，形成生成性学习态度，进而促进逻辑思维和系统语言表达的发展。

教师的发问要求：一是发问要明白、清晰和准确；二是发问应当是学生能够理解的；三是不要过多使用二选一的发问，因其教学价值有限；四是寻求定义的发问应审慎应用，它需要抽象能力，需要复杂思维；五是应避免重复连锁式的发问。要凭借发问来引导教学，发问就必须能够引起学生有意识的创造性活动。这就要求：发问的构成不仅要使学生再现已有的知识，而且要激发他们的思考；发问的目的要明确，要给学生提供思考的方向，不致发生混乱；在问与答之间要有充分的时间间隔，以便于学生沉思。

五、 公开课与师德修养

1. 公开课呼唤自然的教学，拒绝虚假的表演

自然是人生的最好状态，自然意味着本色、真实、放松。"唯大英雄能本色，是真名士自风流"，自然是人生的本真，自然是身心自由的状态，自然追求本色，拒绝虚假的表演。课堂教学崇尚的是感情的自然流露。无论公开课还是常态课，拒绝肤浅、消除浮躁、远离虚假，都是有效教学追求的真谛。薛法根老师认为，教学符合自然之道，你就会走得长远。否则，你在教学中是这一套，在生活中是另一套，你会觉得很虚伪，活得就很累。一个虚伪的人，怎么可能会有真正的风格？风格就是你的人格，人格高尚，你的风格自然就有品质，自然就有品位，这是师德修养的精华所在。

我们平时在教室里按照课程表给学生上的课就是常规课，而听课者除了

学生之外还有其他人群时，往往就叫上公开课。公开课即公开教学。公开课是对他人公开的课，常规课是专对学生的。常规课是一种面向全体学生，以行政班级为单位，按照经常实行的规矩进行授课的活动。公开课是有组织、有计划、有目的的一种面向特定人群做正式的公开的课程讲授的活动，每次的公开课活动，都主题鲜明、任务明确，除了学生参加听课之外，一般还有领导和其他老师参加，是老师展示教学水平，交流经验的一种有益的研究活动。

特级教师薛法根指出，大道至简，课品如人品，教师的修养蕴含在课堂中。对教师来说，公开课毕竟是有数的，常规课才是教师的"家常菜"。我们需要研究的是如何把常规课上成"公开的家常课"，让课最实在、最可学、最自然，学生最获益，因为大部分老师上课是除了学生之外其他人看不到的。教育的真正力量，正是在那些外人看不到的课上，教育质量的真正提高，正是每一位教师在默默无闻地上课时奋斗出来的，所以学校应该是静悄悄的，课堂应该是静悄悄的，这种静悄悄不是不说话，这种静悄悄指的是大家都在默默地真实地做他应该做的事。如果你到一个学校，到一个班级，到处是那种浮躁的给人看的东西，那么这个学校可能不是一所好学校。笔者不由得想起了夏丏尊的话，夏先生把教育方式比成水池子，如果水池子一会儿修成方的，一会儿又改成圆的，但就是不关心池子里的水——学生，那是毫无意义的。

2. 千教万教教人求真，千学万学学做真人

公开课也好，常规课也好，上课最根本的目的是让学生学有所得。无论是否有外人来听课、议课，教师都能做到一个样，都精心备课、认真上课、静心反思，那么"今天的公开课就是明天的常规课"的理想就会变为现实，通过公开课提升教师素质，促进教师专业素质发展，就不会成为一句空话。语文教育家于漪老师在谈到公开课时说："我上公开课的时候，从来不做任何彩排，哪怕教育部长来听课，也是响铃就上课，原来怎样上，公开课也一样上。"把公开课还原为常规课，达到上课自如，避免公开课与常规课两张皮的

现象，是师生应该努力达到的境界。

近年来对于公开课的质疑、非议乃至批判不时见诸报端，至今仍在延续。《中国教育报》与课堂教学论坛联合举办过关于公开课在线研讨活动，如关于公开课的一些思考：一是公开课能否远离"作秀"，二是公开课的评课要"说真话"，三是如何避免公开课与常规课的两张皮现象。上公开课的目的是什么不言而喻。学以致用才能够真正提高教学水平，才能激发学生思考。有一些教师人为地把公开课与常规课割裂开来，上公开课时能够注重教育教学理念的应用，能努力围绕新课改要求的三维目标去实施，能真正提高课堂教学效率等，常规课却与公开课相距甚远，表现为沿用老办法、守住老经验、备课不充分、效率不高等。这就抹杀了公开课的作用，对教师自身的成长也是不利的。所以只有把常规课当作"公开课"对待，才能真正提高教师自身的教学水平。

现在的一些公开课由于种种因素逐渐变成了一门不允许失败的艺术，不少老师都会在开课前进行充分的准备，有些老师甚至重复演练许多次，学生为了配合老师"演戏"也做了大量准备，老师有时连每一句的过渡句、串联词都设计好了，只等着合适的时候抛出来，这还有什么意义呢？一些新的发现与感知往往来自计划和想象之外。芬兰教育被世界公认为成功教育，芬兰人认为公开课对学生没有任何意义，他们认为，课就应该自自然然地上，没有必要做样子给别人看。虽然这话听起来不太顺耳，却值得我们反思，因为教学是为了教人如何学习，学习知识的过程是感知发现的一个过程，而这个过程是不可预演也不可复制的。

"无聊"另有含义[①]

有一位老师在上《一只小鸟》的公开课。突然，坐在我身边频繁举手回

---

① 陈大伟. 走向有效的观课议课 [J]. 人民教育，2007 (23).

答老师问题的学生嘟囔了一声："无聊。"我问他："什么无聊?"他眼珠一转,想了想:"这就是无聊的作品。"不对呀!冰心先生的《一只小鸟》明明非常感人啊。这时,我想起他在说这句话之前眼珠转了一下,从他眼珠一转中我推断,"无聊的作品"不是他真实的心声。"无聊"另有含义。那么,无聊是指什么呢?

后来突然想起,上课前老师跟我说,因为临近期末,新课已经上完,另外选文章已经没有时间了,加上这次活动有很多校长参加,他不能冒风险,所以要拿一节讲过的课来上。看来这里学生所说的无聊,并非作品本身无聊,而是对已经学过的熟悉的东西再来学习感到无聊。

那为什么他们不直接说教学无聊呢?再想一想,我就明白了:学生很爱护他们的老师和学校,他不愿意直接说教学无聊。明白了这一点,我也就意识到,他的频频举手只是为了配合老师把一节上过的课上得更像一节新授课而已。

"课堂教学,是教师与学生生活的另一种样式,而生活的意义与价值在于它的真实、本色。虚幻的生活最终带给人的是生命的失落、心灵的痛楚。曾几何时,我们的语文课堂失去了真实与深刻,捧出的是一束束虚假的塑料花,艳是艳得很,却没有生命,没有成长的气息……这是语文世界的悲哀!"薛法根老师的这段话道出了课堂教学的真谛,那就是要远离虚假的美丽,还课堂以本真。在这里,仅仅是"听",我们就知道有一个"无聊"的声音。通过咨询,通过对学生回答问题的眼神观察,再联系上课的背景,我们就可能更接近学生的内心真实。通过对学生真实声音的解读,我们不仅能知道在教学活动中不能让学生再吃嚼过的馍,而且体会到了学生对老师的热爱,从而更加强烈地意识到老师尊重、关爱、爱护学生,教学生做真人的道德责任。

公开课上的公开秘密①

A. 某市一名小学老师要上公开课，在上课的前一天他嘱咐学生，许多领导和老师都要来听课，到时候千万别给老师丢脸，当老师提问时，会不会回答的同学都要举手，会的伸五个手指，不会的伸四个手指。而且老师亲自进行示范，让学生演练了几遍。当有学生质疑这"不诚实"时，那位老师却告诉学生"该撒谎也得撒谎"。如此教导学生进行演练，在某些教师那里已不是什么"秘密"，有的学校领导对此也是默认的。

B. 北京教科院一位专家讲了这样一件事，一名小学老师上公开课，当老师提问的时候，一个孩子站起来说："老师，你安排回答'大萝卜'的那个学生没有来，该轮到我回答'鸡蛋'了。"引起了哄堂大笑。

C. 某校一名音乐老师虽然很有教学经验，也有一定的教学水平，但要上公开课她也感到紧张，于是事先做了一些安排。为了表现出教学效果，她设计好刚开始上课时学生弹曲子弹得很不好，甚至外行人也能听出是跑调了，可一堂课下来，最后学生把这首曲子弹得非常优美，手法也非常纯熟，进步之快令人称奇。课后领导和评课老师众口一词说教学效果好，老师指导得也好，私下里学生们却透露说这是老师课前已安排好的，谁能不经过长时间练习，一堂课就提高得那么快呢？

真实，是课堂教学的生命。教师应追求自然的、弥漫着生活气息的课堂情景——朴实无华的教学，千方百计地激发学生的创造性，鼓励学生进行"探究式"学习，鼓励学生进行同伴间合作交流。有效的课堂意味着教师应该不回避错误，把学生的错误变成教学的资源，淡化自己"教"的角色，巧妙地把学生推向前台，自己智慧地藏在幕后。可是有的教师为了把公开课演好要试讲好多次，要把课堂上要说的话通通背诵下来，甚至连表情也要对着镜子练练。在某些学校，一位教师上公开课，全教研组的教师都要帮忙，大家忙忙碌碌直到公开课结束，才长出一口气，可学生们能得到什么呢？这些问

---

① 金梁. 质疑公开课. 转自 K12 教育教学论坛.

题值得深思。

笔者就曾听到有学生抱怨在公开课上自己成了木偶和道具,任由老师摆布。然而,学生们的抱怨声阻止不了一些老师演课的戏路。公开课什么时候能从"舞台"上回到课堂上?教学也需要"打假"吗?针对一些老师做公开课"演戏",一位资深老师说:"观摩课、公开课就是大家听一位老师的课,对他的课就一两个问题大家研究探讨一下。从这个意义上说,公开课的存在是非常必要的。但现在一些老师做课不同程度地存在着弄虚作假和形式主义,对此我们要重视起来。如果老师都作假,这对学生的负面影响太大了,这不是明目张胆地教育学生学作假吗?虽然这种现象在一定程度上还很难根除,但我们教育界一定要不遗余力地去'打假。'"老师的教学工作可以说是纯洁而神圣的工作,因为它的目标是育人,所以必须还公开课以本来面目,给学生成长留出一方净土。

王晓春老师曾写过《关于"做课"》这篇文章,在文章中他对做课教师"最关心的不是孩子的收获,而是听课者的反映和评价"深表痛心。他认为上公开课是为了研究教育教学中存在的问题,而不是为了争个高低,也不能去表演。他还提出了几条"治假"的办法:一是公开课不应过早地提前通知,也不要过早地提前备课;二是反对集体备课方式;三是讲公开课不能提前试讲、"彩排"。

配合老师把课上好?[①]

在前不久举行的一次赛课活动中,我听到了一位参赛老师在课前对学生的讲话:"希望同学们配合老师把课上好,把你们最棒的一面展示给在座的评委和老师……"乍听起来,这些话是那样熟悉。曾几何时,自己在上公开课前也是这样鼓励学生;而作为听课者,也听不少老师说过类似的话。现在这样的话再次在耳边响起,心中不禁升腾起一个问号:在新课程改革蓬勃发展

① 周洁清. 配合老师把课上好? [EB/OL]. www. hyedu. com/jxzy/ShowArticle. asp.

的今天，我们仍说这样的话，符合课改的理念吗？由"配合老师把课上好"这句话，我不禁又想到了在执教公开课前某些老师所做的"充分"的准备：这些老师事先要在同年级的平行班中试教几次，反复修改教案，甚至在自己的班级先预演一遍，把生字、新词先让学生们都预习好，用词典查好，课文先背诵好，上课要提的问题先让学生们知道答案，几乎成了一个文艺节目的彩排。

到了真正上课时，老师一提问题，大部分学生都举手，课堂气氛非常活跃，老师还专门请一些平时成绩较好的同学回答问题，生怕某些学生的回答不正确而影响了原定的教学安排和课堂教学效果。整堂课都沿着老师预先设计的程序进行，看起来非常成功。这样的课，学生的确是"配合老师把课上好"了。老师在公开课结束后也会愉悦地对学生说："谢谢同学们的配合。"

在教学公开课上，到底是学生配合老师，还是老师配合学生？"教是为学服务""学生是学习的主体"，这是谁都会说的理念，但在一些老师的思想深处并未得到真正的认同。一些老师并不讳言：学生如果在公开课堂上亦步亦趋地跟着自己走，自己心里便觉得十分踏实；学生异想天开，畅所欲言，自己心里就没底。

由此我们可以看出，这些教师的教学观念还未跳出传统的教学本位的藩篱。传统的教学，完全是预设的产物：教师依据教学大纲和教科书，预设教学进程、教学内容、教学方法，写出教案，然后在课堂上按照预设开展活动。如果是公开课，教师预设得就更周密、更精心，就连每一教学环节的导语、提问都要做细致的推敲，甚至对学生的回答都做了设想。这样充分预设好的公开课，在我们听课者看来，往往有声有色、精彩纷呈、高潮迭起、顺利圆满，实际效果却令人怀疑。

这种风气已经成为新课程改革的绊脚石，它的危害性也是显而易见的。

第一，害学生。为了上好一堂公开课，某些教师反复彩排，哪几个学生发言，发言的内容是什么，都要设想好。试想一下：这样的课堂教学并没有关注学生的个性，还谈什么以学生为主体？在这样的课堂上，学生不仅没有学到真正的东西，反而会在耳濡目染之中接受反面教育，学会作假。

第二，害教师。真实的课堂往往是朴素无华的。在某些公开课披上华丽的外衣之后，一些不明底细的人往往会被蒙蔽。而那些知道真相的人看到搞公开课的好处后往往会纷纷效仿，这可能会使入职不久的青年教师误入歧途。

用现代教育思想、教学理念去思考这样的公开课，我们不禁要问：一堂公开课会是一个什么样的教学过程，教师在备课的时候就能了然于胸、把握在手吗？公开课也是学生学习生涯中的一堂课。在公开课上，学生本身应该获得发展，得到锻炼，个性得到张扬，而不仅是为了帮助教师展示其教学技艺、自身风采。一堂"学生与教师配合得很好"的看似非常成功的公开课并不一定成功，因为它可能掩盖了一个巨大的缺憾：学生没有真实地学。而一堂"学生与教师配合得不好"的看似不成功的公开课却有可能恰恰让学生学得真实而自然。

《基础教育课程改革纲要》指出："教师在教学过程中应与学生积极互动、共同发展……促进学生在教师指导下主动地、富有个性地学习。"如果在公开课上教师帮助一个从来不敢在公开课堂上发言的孩子树立了信心，让一个一直读课文结巴的孩子通顺地读完一段话，让学生们在经历学习过程后体验到了学习的乐趣，收获了成功的喜悦，让学生们的合理需要得到了满足，思维真正被激活，认知得到了提升，哪怕不顺利，那也必定是一堂有价值的好课。

不是在"上课"而是在"演课"①

在一次教研活动中，我和多年未见的老同学相遇了。他握着我的手说："老同学，这些年来你名声大振，我是特意来看你表演的！"我觉得他把"上课"说成是"表演"，心里很不舒服。公开课不仅是将教师的教学风格展示给别人看，更重要的是给大家提供一个课堂教学研究的范例，探讨科学的教学方法。可是，老同学为什么会有这样的认识呢？这引起了我深深的反思。

---

① 张元进. 期待的是"上课"而非"演课"[J]. 教育科学论坛，2007（10）.

　　为了上好公开课，我每次都要掉几斤肉。查阅资料、向别人请教、制作课件、准备教案、反复试教……一句话，教学过程中的每个细小的环节都是经过反复推敲、演练的，真是"千呼万唤始出来"，展示在大家面前的"课"是经过千锤百炼的。我可以毫不夸张地说，课是比较完美的。教学目标中既有"知识与能力"，又有"过程与方法"，还有"情感、态度与价值观"；教学过程中不但有听、说、读、写能力的训练，而且讨论、探究、合作学习等新的学习方式一应俱全；吸引学生的课件、激发学生兴趣的道具，更是让人耳目一新；生成性教学资源层出不穷，并被一一开发利用。教师潇潇洒洒，学生激情四溢，课堂效果很好。

　　今天的课得到了大家的全面的好评，我的心里很高兴。活动结束后，我和老同学叙旧。当谈及上课问题时，老同学微笑着说："你是想听真话，还是想听假话？"

　　"废话！谁愿意听假话呢？"

　　"你的教学水平高，这一点是肯定的，表演能力好，也不假。但是你不是在'上课'，而是在'演课'。"

　　"何以见得？"我心里有些紧张。

　　"你冷静想想就不难发现，这种精彩的课不实在，是中看不中用的。没看到课堂上有些孩子是不懂装懂、懂装不懂吗？他们没有说自己想说的话，而尽说你想要的话；提的问题不是真问题，更像是照着你的教案提的'假问题'！"

　　老同学又问道："上课时，你关注的好像不是学生。你没有管学生学到了什么，学得怎么样，是怎样学到的，而是只顾着自己精彩的'预设'吧？"

　　是的，不得不承认他说得有道理。短短的40分钟，我一个环节紧接着一个环节地上课，紧锣密鼓，简直密不透风。

　　"学生哪能将你'精心烹制'的'满汉全席'消化呢？特别是那些'学困生'更难跟上节拍，他们只是在凑热闹，能有什么收获呢？"

　　啊哈，当真是老同学，针针见血啊！听了这番真心话，我开始反思自己的整个教学过程。

课前，反复考虑的是如何优化课堂教学中的每个环节，如何让课堂展示得更有声色……

下面是这位老师的反思。

课上，为了完成"预设"，背台词，赶时间，过环节，常常被学生"完美"的表现所迷惑，师生都被"胜利"冲昏了头脑，忽视了公开课也是课，也是学生生命发展中的一部分，每个学生也应该得到发展。难怪老同学会说我是在"演课"。

于是，我很认真地做了思考："上课"对教师和学生来说是每天都要面对的事情，只有上"真实、扎实、朴实"的课，学生才能学有所得，学有所得才能使他们真正快乐、健康地成长。如果我们的"公开课"不去追求表面的热热闹闹，不去追求什么"完美"，而能像平时上课一样有所侧重，进行大胆的取舍，舍得花时间让一个课文读得结结巴巴、竖式写得歪歪斜斜的孩子通顺地读完一段话，仔细地算完几道题，让一个从来不敢在课堂上发言的孩子树立信心……

是啊，如果"公开课"能多一点"上"的成分，少点"演"的成分，虽然可能会有些粗糙，有些"遗憾"，但"教学是一门遗憾的艺术"，这样的"课"也并不见得就是不成功的。

可以毫不夸张地说，有些课的确是有"演"的成分，教师提什么问题，学生该怎样回答都是预先安排好了的，在课堂上举手回答问题完全是按照安排在进行，哪个问题由哪个学生来回答教师是心中有数的。整堂课上下来，课堂气氛活跃，结构严谨，任何一个环节都处理得恰到好处。

可是，在这种公开课上我们能学习些什么？[①] 课堂不是师生表演的舞台，而是师生智力生活与精神领域自然而然的舒展与表露。那些过分苛求所谓的"教学设计的完美无缺，教学环节的环环相扣，教学过程的天衣无缝"的教育，常常遗忘了生成的创造性，遗忘了生命的无限可能性，遗忘了课堂的丰富性。正如布鲁姆所说的，教育教学中如果没有预想不到的成果，那么教学

---

① 冯静. 公开课 vs 常规课［J］. 黑龙江教育（小学教学案例与研究），2010（8）.

活动就不能成为一种艺术。我想，教学的真谛不啻为还课堂一个本真、简单而深刻的面目。

我在连续观看特级教师贾志敏的教学录像时，发现他的导课和开场白真实、朴素又与众不同。他不追求什么时下的亮点，不刻意摆设什么花架子，一招一式都是那么水到渠成，顺其自然而又严丝合缝，自有其理，简捷高效，真是大师的境界。有一次，该上课了，学生还未进入状态，教室里乱哄哄的，贾志敏老师是这样让课堂安静下来的：他指着一个女孩儿，不紧不慢地说："现在，只有这位同学不说话，坐得端正。"迅即，教室里安静多了，学生纷纷坐到座位上；顿了顿，贾老师又指着一排学生，称赞道："现在，这一排孩子精神最饱满！"顿时，每个学生都挺起胸膛，屏息凝视。贾老师环视四周，见大家思想都集中了，这才亲切地说："上课吧！"

你看，没有声嘶力竭的训斥，没有哗众取宠的煽情，贾老师悄然地将学生的心思都收拢到课堂上来了。平平淡淡，轻轻松松，却又实实在在，稳稳当当。这就是贾老师的课堂教学艺术，是我们可以借鉴运用的教学"绝招"。这样的"绝招"，全融化在贾老师的举手投足、谈笑风生之间，我们得靠悟性才能辨出其中真味。

贾老师的课堂让我想起在《人民教育》上读到的一篇《期待"素课"》的文章。里面写道："我期待着这样的素课……老师所说的，就像平时所说的。也许不是很流畅，不像著名节目主持人的脱口秀，也许没有多少比喻和夸张，也没有一大串的排比以增强气势，不像演讲赛中滔滔不绝的雄辩，热情洋溢得声嘶力竭，体态相助得手舞足蹈，更不像相声演员的语言，一惊一乍，噱头连连，悬念迭出。平时怎么说，就怎么说，有断有续，有急有缓，有点头有叹息，只不过是集中在一个话题上，只不过围绕一个中心内容，只不过开个头，引个路，就这么说说、问问，引学生想想。偶尔幽上一默，偶尔明知故问，偶尔重复几句以示警觉，偶尔也出点差错，一旦发现，马上就承认，而且一点不感到丢面子……"[1] 这才是真正的教师的风采和境界：大道

---

[1] 朱华贤. 期待"素课"[J]. 人民教育，2008 (8).

至简。

"上课不是表演，要走语文教学的正道！"①

依稀记得那次我上的课是《十六年前的回忆》，讲述的是李大钊被捕及牺牲的故事。课文与学生的生活有距离，学生不太感兴趣，也很难真切地体会李大钊的大无畏精神。为了把课上得精彩一些，给特级教师留下一个好印象，我就提前让学生读熟了课文，并布置学生写了一段读后感，生怕学生在课堂上接不上嘴、说不出话。课自然上得比较流畅，自我感觉还很不错，便喜滋滋地等着庄杏珍老师评课。谁知，庄老师二话没说，一针见血地戳穿了这个课前的"小把戏"：这是在上课吗？上课不是表演，要走语文教学的正道！一瓢冷水浇得我无地自容，也浇得我如醍醐灌顶：真实，是课堂教学的生命！

综观现在的中小学语文课，总觉得有些课上得技巧太过，花里胡哨，失去了语文教学本真的东西。薛法根老师面对形形色色的语文课堂，面对众说纷纭的各家言说，始终记得庄老师的告诫：你要有自己的主心骨！要走语文教学的正道。所谓"正道"，就是符合小学语文教学规律的方法与途径。面对异彩纷呈而又五花八门的语文教学现象，我们必须有"主心骨"，不人云亦云，更不随风摇摆，要用一双慧眼透视种种课堂教学现象，发现小学语文教学的真谛。庄老师所说的主心骨就是实事求是的科学态度：从教与学的角度来说，教师要真心实意地教，学生要实实在在地学，教学要扎扎实实；从语文教学的本质来说，语文姓"语"，小语姓"小"，要把握好语文教学的"质"与"度"，不偏不倚。从此，薛老师拒绝虚假，避免花哨，走上了语文教学的正道。"简简单单教语文，扎扎实实促发展"，他的语文教学的基本观点，正是来自他对语文教学的深切认识。其实，根治自身教学顽症最有效的方法就是在专家面前真实地展露自己存在的问题，请他们毫不留情地给自己做思想内源的"外科手术"，在"痛苦"中脱胎换骨！遇到像庄老师那么一位"外科

---

① 薛法根. 庄杏珍：对我影响最大的一个人 [J]. 小学语文教学，2010 (27).

医生"，着实是薛老师一生的幸运。

一位名师埋藏于心 14 年的愧疚：这样的教学"精彩"绝对要不得①

真实和诚信，是做人的底线，也是教育的底线。正如陶行知先生所言："千教万教教人求真，千学万学学做真人。"2006 年暑假，我送教下乡，课上得还不错，连窗户外面也挤满了听课的老师。临下课时，在带队校长的提醒下，我才发现上课伊始我就把 30÷15 的商写成了 3。我迅速想到了一个补救方案——激励学生："你们能从老师的板书中发现问题吗？说什么都不要紧，老师最欣赏敢说真话的学生"。终于，一个孩子站了起来，怯声说道："老师，30÷15，你算错了！"刹那间，那些早就发现错误的听课老师和学生们都注视着我，等待着我的反应……

我是这样应对的："好孩子，你真棒！其实，这是老师特意设计的一个'小陷阱'。我一直在期待敢于指出老师错误的同学，都盼了一节课了，终于有你勇敢地站了出来！"然后，我又面向全体学生说："你们知道吗？希腊著名的哲学家亚里士多德曾说：'我爱吾师，我更爱真理！'（板书）；我国古代的教育家、圣人孔子也有一句这样的名言：'当仁，不让于师！'（板书）。我希望所有的同学都像这位同学一样，不唯师，不唯书，坚持真理，勇于指出任何人的错误！让我们一起为这位同学喝彩！"听课师生同时响起了热烈的掌声。

课后，我就此写了一篇教育叙事《失误也能精彩》，并于 2007 年 4 月 16 日发表于《现代教育导报》。泰安的董华英老师看了我的这篇文章后，写了一篇读后感《功夫在诗外》，也发表在《现代教育导报》上，其中一段摘录如下：

听课的老师都认为这是张老师事先设好的一个环节，竟没人认为这是一个偶然的失误。张宏伟老师的教育机智，让失误把课堂变得更加精彩！其实，对每个老师来说，在日常教学中这样的失误也是常见的，察觉失误后，假装

---

① 张宏伟. 这样的教学"精彩"绝对要不得 [N]. 中国教师报，2020-05-06.

是事先设好的陷阱的做法也是多数老师常用的。可是能像张老师这样把失误遮掩得痕迹不露，反而让课显得更加精彩的却不常见。为什么？但看张老师随口吟出的一中一外两个名人名言，并由此而得出"不唯书，不唯师，坚持真理，勇于指出任何人的错误"的结论，如果不是课前事先设好的环节，一个数学老师，哪能这么信手拈来，而且恰如其分？可是，张老师做到了⋯⋯所以要想做一个好老师，上一堂好课，不仅要备好这一节课，更重要的是平时的博文多识。"功夫在诗外"，只有平时多学习，多积累，上起课来才会胸有成竹，不论遇到什么意外的情况或者失误，都会凭自己广博的知识，化失误为精彩！

那年，我曾一度为课上的应对、文章的发表、同行的赞美，沾沾自喜。但是，2007年暑假，我再次到该校送课下乡，在接待室里聊天时，该校校长的一句"去年，张老师那个失误处理得真精彩，当时，连我都被你骗过去了，还以为是你故意抖的包袱呢"把我怔住了。

以下是执教者张宏伟老师的反思：

一个"骗"字宛若惊雷震击！我自己呆呆愣了半晌，满脑子是那几十个农村孩子天真、无邪、淳朴而又怯怯的面孔，刹那间，我的胸中充满着懊悔、遗憾、自责和羞愧——我是在用谎言掩盖和粉饰我的失误！在发现失误的那一刻，我最先想到的是怎么保住课的精彩、维护自己的颜面，而不是给学生实事求是、坦诚错误的以身示范！即便是最后刻意制造的"不唯师，不唯书"的精神教育也是建立在谎言和欺骗的基础上的，这让我汗颜！因为，真实和诚信，是做人的底线，也是教育的底线。正如陶行知先生所言："千教万教教人求真，千学万学学做真人。"教育引领孩子朝向的是真理，那么，我们给孩子带来的教育元素就都应该是客观的、真实的、有规律的、实事求是的。我们就应该让孩子在真实的环境、真实的生活和现实中真实地学习，探究真理，学做真人。从某种意义上讲，"真"不在，教育的意义便不在了；"真"不在，生活中很多所谓的意义和美便也不在了。如果时光能够倒流回那节课上，我绝对不会说"这是老师特意设计的一个'小陷阱'⋯⋯"而是真诚地向孩子致歉和说明："对不起，老师一时疏忽，算错了一个结果，你能指出老师错在哪里吗？"

后来，我和几位好友聊起这件事，他们都宽慰我：你这是善意的谎言，再说，你圆得很好，孩子并不知道，还受到"不唯师，不唯书"的引导，结果是好的，即使这些学生将来看到这篇文章，也会理解你的良苦用心，别纠结了。我说："真"是教育的底线，我宁可要不完美的真实，也不要粉饰的完美；圆得再好的谎言也是谎言，孩子们不知道，但是我知道！孩子们谅解我，可是我不能原谅自己。

自此以后，每遇到失误，我便会想起那节课、那篇文章、那几十个孩子，内心就会被狠狠揪一下。《失误也能精彩》真的不是精彩，而是我教育教学中的一份遗憾、一块戒碑！它时刻警示着我要践行"真实的教育"。在教学中，我会尽最大努力引导孩子在真实的情境中学习真实的数学。我不会再用谎言编造虚假的情境教学（虚假≠虚拟，谎言≠创编）。教学前或者教学后，我会明确地告诉学生：这是事实，这是模拟，这是创编的情境和故事，这是事实＋创编……

同时，在此，我也公开向2006年那个班的每一个孩子郑重致歉，也向曾被我误导的老师致歉，并倡议：让我们一起坚守、呵护和弘扬教育的真、生活的真、社会的真、世界的真！真实地做教育，真实地待人，真实地生活……

期待"素课"[①]（节选）

朱华贤

什么是素课？素课是清淡、简洁、自然状态下，没有雕琢痕迹的课，是真实而原始的本色课。综观现在的中小学语文课，总觉得技巧太过，荤腥太

---

① 朱华贤. 期待素课［J］. 人民教育，2008（8）.

多，油酱太足，色彩太浓，口味太重。我期待着这样的素课——

素色的教学设计

对于教学设计，教师只有一个粗略的大概，一条主线，三四个分支而已。写在纸上，一页或半页。至于枝枝叶叶，花朵花瓣，那是课堂中自然产生的，要靠自己的机智和敏感，随时捕捉、描绘和点染，用不着都一一设想好。也就是说，设计并不精细，并没有把每一个细节都考虑到，也没有把课堂中可能出现的每一个问题都预设好，更没有把每一句导入语、过渡语都一一想好写出。但是，对于文本的理解，从宏观到微观都烂熟于心，高屋建瓴，掌控一切。课文至少读过五六遍，而且是用各种不同的角色读。每一句话，每一个词的表层义、深层义和引申义都推敲过，思忖再三。书本上点点画画，密密麻麻。文章的妙处，心领神会；文章的不足，胸中有数；文章的个性，了如指掌。正是凭着对文本的全方位掌控，课堂应对往往水到渠成，游刃有余。

换句话说，课堂不是以设计技巧的高超而取胜，而是以对文本独特的理解和领悟而取胜，不是以蓄意安排的转折、推进、高潮而赢得喝彩，而是以无数随意碰出的智慧火花而得到首肯。这样的设计，课堂是清淡的，但值得咀嚼和回味；这样的设计，似乎没有艺术匠心，但意味深长，有一种自然天成的大美。

素色的实施条件

课堂上，不一定要用很多课件，像放幻灯片似的，眼花缭乱，让学生手头的书都可以丢了，朗读或写作时，也不一定要配上抒情的音乐，其实有许多音乐常常是种干扰；至于场所，也无须到一个特别的专用教室，就在师生都熟悉的那一个本土教室。几支粉笔，一本教材，一方板书。这板书，最后也不一定像个红心什么的。就这么简简单单地开始文本与心灵的真诚对话。

素课是家常菜，没有精美的盒子包装，但这菜绝对是新鲜的，做法是简单的，没有添加任何醒目的色素，但营养绝对是丰富的。座位，学生看起来怎么方便怎么安排，不一定要围成8人或6人小组，硬是让学生扭着头看黑板。别以为围着圈坐就是新理念的体现。

素色的作业布置

作业肯定是要的，但要讲究实效，要体现学科特点。是低年级的语文课，就让他们读读书，写写字；是高年级的阅读课，也可以读读书，写写字，积累词语，当然还可以思考一些与课文相关的问题。不要总是一些笼统和空泛的大问题；你有什么感想？你想对作者说什么？请联系自己的生活谈谈体会……这些作业，什么课都适应，什么文体都可以，往往却什么效果也没有……

老子说："万物莫与朴素争美。"教师应该把精力集中在文本的消解上，凝聚在自己的深刻理解上，至于技巧和方法，就不要那么讲究。课前的准备，说长，应该准备一生，为了一节课可以投入毕生；说短，只需一两天，甚至半天、两三个小时。长，是从积累的角度，要有应对一切的基本配置；短，是从应急的角度，只是为了具体的某一课。课堂教学的艺术性太强，设计得太精致，一节课下来，有时是有一点艺术享受的感觉，但有给人不像语文课的感觉，而像话剧、像演讲、像艺术主持、像文学鉴赏，唯独没有语文课的平淡与厚实。

素教，可以更多地保持语文的原汁原味。素课，能更好地提高语文教学的效率；素课，最能见教师自身的功力；素课，只有素师才能执鞭，才能操持。素师，淡薄名声，不为功利，有一颗宁静的心，有一种淡泊的志。

我期待这样的素课，也期待这样的语文教师——他并不只以教学技能的精湛为毕生追求，而是把积淀和蕴含丰富的人文素养作为发力的基础。靠形式取胜，总是短暂的；靠内涵取胜，才是永恒的。

六、　关注细节与师德修养

有效教学关注细节的实质是用心教学、用心研究学问、用心研究学生，"见微知著"。细节会说话，师德修养尽在细节中体现。关注细节，其实就是关注教学行为的改善，就是关注新课程理念的落实；关注细节，就是追求教学实践的智慧与艺术的统一；关注细节，就是加强润物细无声的师德修养。

1. 什么是教育细节

按照《现代汉语词典》的解释，细节就是"细小的环节或情节"。教育细节，顾名思义，就是教育情境中的细小环节或情节。它体现在教师的教育教学行为之中，体现在教师的教育教学言语之中，体现在学生的反应——言行之中。教育细节反映着教育者的教育理念，展示着教育艺术，见证着教育者的品质，体现着教育者的良苦用心。细节尽管细小，却往往能折射出整个教育世界，能决定教育的成败。①

"课堂无小事，事事育人；教师无小节，处处美德。"教师要学会站在学生的立场思考问题，要替学生着想。李希贵指出："只要多抓教育工作中的细节，用心去体会当事者的感受，然后探索规律，寻找解决的办法，长期坚持下来，自然就把握了教育的脉搏。"关注细节，就是要学会观察。如果你不注意观察学生，仅仅停留在语言的表面，不去设法了解学生某种行为背后的原因，你的说服力就会失去针对性和力量。如果不能从真实的教育环境中体验出学生的真情实感，提炼出打动学生内心的精髓的东西，就很难有实在的教育效果。

2. 于细微处见师德

美国行动学大师杰克·弗莱曼在《成功中的细节竞争解决什么》一书中指出："细节的重要性被太多的人忽视了，人们总是眼高手低，不善于从小入手、从微做起，以至于让自己每天所做的一切都是大而不实的空架子。这种容易导致失败的人性弱点，是成功的天敌！"是的，在生活中，每个人都离不开细节，细节是成功的基础，或者说细节是成功的引导者。

同理，教育过程、教育情境也都是由很多的细节组合起来的，教师只有用心教学，用心研究学问，用心研究学生，用心体会课堂里发生在师生、生生之间，每天看似平常的、点点滴滴的细小的情节，才会练就"慧眼"和

① 王翔. 关注细节：青年教师教育叙事一百例 [M]. 上海：学林出版社，2008.

"慧心"——见微知著，拥有发现问题和启迪心灵的法宝，一句话"细节只有用心才能看得见"，这就是关注细节的含义，让细节说话的意义。因此，关注教育细节，优化教育细节，从教育的细节处着眼，以此管窥教育真谛，这是提升教师智慧、解决教育难题、提高教学效果的一条有效途径。

3. 唯细节能动人

演员倪萍在拍摄反映农民工生存命运的影片《泥鳅也是鱼》时谈道，导演杨亚洲曾派几名北京大学的实习生去农民工活动较多的场所现场录像，回来后分析画面，他发现几乎每个女子身上都戴着首饰，多数是金的，以耳环居多，而且个头很大。杨导问倪萍，你有耳环吗？倪萍说有很多，但嫌麻烦，很少戴。杨导说，对，你有很多，所以也就不在乎，而她们可能只有这么一副，很金贵，并且你注意到了吗？她们是一个流动的群体，她们没有固定的家，所以贵重点的东西都要随身携带。后来在影片中倪萍饰演的泥鳅就戴着一副大大的金耳环。杨导还在故事情节的发展中加上了这么一段：金耳环丢了，夫妇俩满地找寻。这让人辛酸的细节为影片增加了不少感染力——真正的艺术一定是从真实的生活中来的，没有对真实生活的体验，对人的关注，缺少对细节的挖掘，就不能打动人心。教育也是如此。教育是生活的一部分，教育是人生命的一部分。我们真正地去体悟教育，真正地去从事教育、感受教育时，首先一定要从细节入手。在下面的事例点击中，笔者将与您一起分享教师如何关注细节实质的案例。

事例点击

1. 细节见功力——有真功夫才会在细微处见精彩

贾志敏老师的"法眼"

一次，特级教师贾志敏老师板书了这样一个句子："寒假里，我和爸爸有幸来到杭州。"粗看，句子好像没啥问题。但经贾老师一番"咬文嚼字"，就让人叹为观止了：

1. "有幸"，指"机会难得""非常幸运"。句子中的"有幸"能管住"我"，要管"爸爸"，则牵强附会。原因很简单，上海、杭州相距不远，"爸爸"去杭州的机会一定不少。因此，把"有幸"一词提前，置于"我"的后面较为贴切。

2. 把"和"改成"随"或"跟"较为准确，以此表达晚辈对长辈的尊敬。

3. 从行文中可以看出，小作者是在上海写就这篇习作的，故不能用"来到"，须换成"去"或者删去"来"字。

4. 到杭州去干什么？小作者没有交代。这样，容易产生歧义：难道"探望病人"或"扫墓"去也能算"有幸"吗？因此，后面加上"游览"就顺理成章了。

经修改，原句变成了"寒假里，我有幸随爸爸到杭州游览"，既通顺又明确。没有这么一番较真，不经过这般咀嚼，就很难品出"语文"的个中滋味。

最令人击掌赞叹的要数贾老师对语言的敏感。学生作文、言语中出现的哪怕是丝毫差错，也逃不过他的"聪耳"与"明眼"。在常人看来似乎没有问题的语句，他都能"挑出一点儿刺"来，而且，经过他分析讲解之后，会让你心悦诚服，释然开怀。这种"于细微处见精神"的功力，是贾老师长期在语文教学实践中修炼的真功夫。他能抓住学生习作中语言表达的细小差错，从细节处入手分析词语在语境中的具体运用的方法，让学生叹服并认真地在改正错误中真实地感知汉语言的神奇魅力，贾老师的"法眼"正是对有效教学要善于发现学生问题，关注学习细节的体现。

2. 课堂细节体现教师人品师德

"课堂无小事，事事育人；教师无小节，处处美德。"一名教师的心里如果没有学生，就难以做到"用心"教学。有效教学的课堂，应该让每一个学生如沐春风、如饮甘露；真正的好课应该启人心智却又润物无声，于细微处见大写的人。"人，有人品；课，有课品。人品有高下，课品有好差。"教师的人格决定了课堂的品位，课品即人品。在不经意的言谈举止等小节中，教师要时时修正自己的品行，因为课堂教学磨炼的不仅是技艺之功，更是人格品质。

"我知道，就你知道！"①

小学语文特级教师薛法根深情地讲述了这样一个故事：

1998年，我成为当时江苏省最年轻的小学语文特级教师，一时颇为沾沾自喜，经常外出上公开课。一次，我在常州上《她是我的朋友》一课，课堂上一位女同学表现得特别积极，每次提问都要抢着回答。有一回，我的问题刚说完，其他同学正要开始思考，她却抢着举手，嚷着："我知道，我知道！"我随口说了句："我知道，就你知道！"那位女生赶忙放下了手，低下了头，似乎偷偷地流泪了。我曾想弥补一下自己的过失，但大概是顾着上课进程吧，直到下课都没有抚慰她。精彩的课堂教学似乎也让人容易忘却课堂上曾经发生的不快，我也很快就把这个课堂细节淡忘了。谁知，庄杏珍老师不知从哪儿知道了这个课堂上的"小插曲"，晚上突然打电话给我，询问我最近上课的情况，特别问了我那一个课堂细节。她严肃地对我说："有的错可以改正，也可以原谅；有的错却不可以犯！课品如人品啊！"是啊，一名教师教学水平再高、教学能力再强，如果失去人文关怀，也就失去了人格魅力，那么，他的语文课堂将永远没有生命力、没有感染力。

给薛法根老师以极大影响的庄杏珍老师一身正气，敢说敢做，她的眼里"不揉沙子"。这"不揉沙子"就是对课堂教学中哪怕是微小的，常人不会太注意的细节——教师的一句话、一个眼神，甚至是说话的口气，如果它不符合教育的理念和方法，也绝不会放过。薛法根老师是让人非常钦佩的名副其实的特级教师，但这件小事他一直难以忘怀。庄老师的"不揉沙子"和薛老师的反思勇气，都让我们从细微处看到了教育的真精神。"小事不小，课品如人品"，庄老师用她一生的语文教学生涯，给我们诠释了这样一个朴素的真理。

① 薛法根. 课品如人品. http://blog. sina. com. cn/xfg1968.

127

3. 细节体现师德关怀——关注学生当从课堂细节开始

细节决定成败，在教育方面也是如此。有效的课堂要体现出关怀的细节。教师的神圣使命与最大职责，就是让每一个学生都拥有幸福的精神生活。课堂细节虽细微，但对学生的影响很大，所以关注学生当从课堂细节开始。

掉下来了的教具

一节公开课上，执教老师用双面胶将一个木制的教具粘贴在黑板上。当学生板演的时候，斜上方的教具擦着学生的肩掉了下来，学生很吃惊，老师也有点慌乱了。这时教室里非常安静，大家都惊呆了。老师很快镇定下来，她将教具从地上捡起，然后使劲地往黑板上按。那教具被牢牢地粘住了，再也没有掉下来，老师像什么事都没发生一样继续上着她的课，对碰没碰到学生、吓没吓着学生却没有过问。这节课相当精彩地完成了，讨论交流的时候好评如潮。

学生在校的大部分时间都在课堂上度过，因此课堂上的学习、精神生活的质量，直接关乎学生心灵的成长。我们常关注课堂设计是否新颖，是否有效，而对发言、板书等教学细节比较大意。细节见精神，关爱学生的心灵，最好的抓手就是这些细枝末节。

案例中的教师没有对当时课堂中的学生的生存状态（受惊吓）做出直接的、积极的关怀，只是顾及知识传授的设计程序，没有体现出她作为一个教师对学生的关切。教师的冷漠是教学的最大杀手。我们的课堂上每天都有类似的耐人寻味的教育细节，表面上好像不需要关注，甚至天经地义，其实都是教师以自我为中心的思想的暴露或残留，体现的是他们的教学理念。"课堂是师生的一段共同生活，是他们一段共同的生命历程，然而许多教师在教育实践中似乎忽略了这些"①。

---

① 吴小鸥. 论关怀型课堂. ［J］教育学，2006（3）.

师生微笑着问早

早晨 7 时 30 分,当天值班的张校长微笑着站在校门口,向每一位进校的师生问早、问好。起初,一些学生见了他躲得远远的,从校门的另一侧快速地溜走。于是,他站在了校门的中间。果然,几乎每一个学生都会和他相视,微笑着问早,有的还敬了个队礼。一个小男孩漠然地从他身边走过。张校长便叫住了他,问:"你忘了什么没有?"小男孩茫然地看着他,想了一会儿,摇了摇头:"没有。"突然,一声声问候让小男孩恍然大悟:"老师好!"张校长笑着摸了摸他的头:"谢谢!你真的没有忘记!"小男孩快乐地跑进了人群中……一直到 8 时,足足半个小时,张校长就微笑着站在那儿,尽管笑得连脸上的肌肉都有点儿酸,他不知道叫住了多少个学生,也不知道问了多少回"你忘记了什么没有",但他觉得很值。几年过去了,师生微笑着问好已成为这个校园早晨一道亮丽而又温暖的风景。

教育,就是这样需要现场感。改变学生,教师先要改变自己,你给了孩子什么,孩子就会回报给你什么。向孩子微笑着问好,最简单,最自然,却最有力量。学生就是在这样日复一日的一个一个现场中习得了礼貌,学会了感恩。小而专注的教育细节,足以引起持续而重大的改善,找到那个"支点",就不难撬起整个"地球"。学校应当关注并寻找的,正是那一个个足以撬起"地球"的"支点",并因此积聚起一点一滴的教育力量。

把 "!" 改成 "?"[①]

一位年轻的女教师接手了一个大家都摇头的班。第一次进教室,学生便用"对面的女孩看过来"的歌声"迎接"她,而黑板上展示的是这样一行大字:"我们是差生!"

她没有责备学生,而是笑着讲道:13 年前,有一个和你们一样大的山村女孩考上了县中,但只能在差班。可她不服输,暗暗发誓要取得好成绩,并

---

① 李长娟. 有效教学与师德修养 [M]. 北京:世界图书出版公司,2009.

在桌子上贴了张"我挺棒"的纸条鞭策自己。功夫不负有心人，3年后，她以优异的成绩考上了大学……

"想知道那个女孩是谁吗?"女教师问道。

"谁?"一位学生怀疑地问。

女教师自豪地回答:"远在天边，近在眼前。"

"哇!"教室里沸腾了。

女教师转过身子，继续说道:"黑板上的字写得多漂亮啊，可惜符号用错了!"

"用错了?"学生们疑惑不解。

女教师提高嗓门说:"我们大家一起用力把这个叹号压弯，加油!一，二，三——"

女教师一边说，一边用红色粉笔把叹号改成了大大的问号。于是，"我们是差生!"变成了"我们是差生?"。

女教师用殷切的目光注视着学生，"我们怎么回答?"

"不，我们挺棒!"一名学生响亮地回答。

"对!"女教师高兴地说，并激动地把这句话工工整整地写在了黑板上。

教室里响起了一阵热烈的掌声。

这位女教师巧妙地变更两个标点符号，把感叹号变成问号，改变了黑板上那一句话的内涵，改变了学生对自己的看法，增添了学生对教师的信任和对自己的信心。一个由"!"改成"?"的小小细节，让我们看到了伟大师爱于平常中见真情和智慧的神奇。同时，这位可爱可敬的女教师用自己的故事点燃了学生心中希望的火把，让学生从对自己前途的灰心丧气中走了出来，因为相信老师而"相信自己，相信未来"。关注黑板上的"!"并把它改成"?"的过程，就是细节体现关怀——教师关注学生，当从课堂细节开始。从这个事例中不难看出"没有爱就没有教育"的真谛，而我要加一句:没有细节，爱就是一句空话。

教育，只有在抵达心灵深处的那一刻，才真正产生力量。你越让学生感觉到你不是在教育他，教育的效果往往越好，这就是"无痕迹教育"——于细节处见精神。春风化雨、润物无声的教化力量，正体现在数不尽的教育细节中。"一滴水中见大海"，从小入手、从微做起，折射出的是教师对教育的深刻理解与不懈追求，因为教师懂得"任何外在的逼迫、灌输，都犹如凛冽的寒风，只能让学生像刺猬一样，蜷缩起全身，紧紧地裹住内心的世界。"而好的教育于细微处体现尊重、信任与关怀，让学生如同接受礼物一般悦纳老师的引领。教育的力量来自对学生心灵的关注，来自无数个体味学生心灵的教育细节。

学习链接

于永正：那些细节里的师德和修养①（节选）

特级教师于永正给自己初为人师的女儿写了20条贴心建议，这其中凝聚着一位父亲对女儿的期望，我们也可视作对所有刚走上教育岗位的年轻教师的贴心建议。

建议一：教师要在上课铃声未落之前到达教室门口。

在铃声中，你走进教室。铃声落了，教室里的多数人如果对你视而不见，依然我行我素，乱哄哄的（低年级小朋友尤甚），你要静静地观察每个人，目光不要严厉，但要犀利、灵活、有神。多数学生安静下来时，要及时给学生们一个满意的表情，表扬表现好的人，表扬要具体，指出哪一排哪一组的学生安静，哪些学生坐得端正。

如果还有人在说话，甚至打闹，则用一种期待或者严厉的目光"盯"住他。无效，则点明某一排或某一组某一人仍在做影响大家上课的事。再无效，则迅速地走到他们面前，请他们站起来，严肃但措辞文明地告诉他们，之所以请他们站起来，是因为他们无视课堂纪律，影响了别人的学习。

必要时，则请他们把名字写在黑板上，然后说一句："噢，你叫李勇，你

---

① 于永正. 那些细节里的师德和修养. [N]. 江苏教育报，2017-08-18.

叫王强。"不要指责,更不能挖苦。这一招儿肯定有效。

建议二:千万不要体罚,宁肯让教育失败一次,也不要因体罚而造成更大的失败。

走进课堂,要把90%的注意力放在学生身上,10%的注意力用在教学方案的实施上。要善于用眼睛表达你的满意、生气和愤怒。尽量不要吼叫,训斥只可偶尔为之。

目光要经常瞥向那些神不守舍、好动、好说的学生。可以请他们做点事,比如读书、读单词、表演、到黑板上默写等。这叫"以动治动"。最要紧的是不断地鼓励、表扬、提醒学生。这样的表扬会更有效:

"第二组同学坐得最端正。"——如果班级里某一个角落出现"骚动"。

"李勇的眼睛一直看着老师。"——如果李勇的同学走了神,或者在做小动作。

"小强同学善于思考。"——如果小强的同桌读书心不在焉。

要把问题消灭在萌芽状态。必要时,把个别学生的座位调动一下。最好把那些自觉性差的学生调到离老师近的位置。对此类问题,处理要果断,快刀斩乱麻,不必说为什么。最不得已的手段是惩罚——如罚他停课。但最好不要在上课时请他到办公室去。课间休息时,把他请到办公室去。

建议三:要尽快记住每个学生的名字。

首先记住表现好的和表现差的学生的名字。直呼其名地表扬胜于不指名道姓地表扬,指名道姓地批评、提醒,有时效果更好。

把所授课班级的学生座次表记下,上课时放在讲桌上,这样做,有助于记住学生名字,尽快地了解每个学生及其家庭的情况。

建议四:要注意教学形式、手段的变化。

低年级学生的注意力是很短暂的。如果第一个词是老师领读,第二个词也是,那么第三个就要请优秀的学生当回老师了。

第一遍读课文是齐读,第二、三遍最好自由读,或者同桌之间互相读。板书"骆驼和羊",故意把前者写大,后者写小;板书课题"鲸",则特意把这个字写得斗大。如此，学生一定会发出会心的微笑。这也是变化。

第一次分角色朗读，全由学生参与；第二次，如果你参与进去，学生一定会读得更有精神。讲燕子、翠鸟的外形，画简笔画；学习《桂林山水》，看看课件……这些，都叫"变化"，没有变化，学生会厌；没有变化，也就没有教学艺术。

建议五：要细心观察学生，全面了解学生，倾听学生的谈话。

如果你在适当的时机和场合，不经意地说出某一个学生做的一件值得称道的事或值得称道的一种表现，他不仅会感到吃惊，而且受到的鼓舞会特别大。

表扬要有实指性，忌空泛。"你做作业总是那么细心，很少有错误。""你回答问题不但对，而且口齿清楚。"——这样说就具体了。

恰当地使用肢体语言，可以让学生感到你的真诚和亲昵，拉近师生之间的距离，如抚肩、握手、贴贴学生的脸蛋等。

七、 教学时间分配与师德修养

教学时间的分配指教师在课堂授课时将授课各环节的内容的时间比例进行分配的过程。教学时间是一种很重要的教学资源，它能否被有效地利用，直接影响着课堂教学的效果，是衡量教学成效的一个重要指标，也是教师调控教学进程的重要依据。

一般情况下，教师应对教学时间进行合理的分配，与教学活动无关的事情尽量不要在课堂上进行，以免降低教学效率。教师应在课前对教学活动进行精心的设计，上课后，快速地进入教学。而且要把握好最佳的教学时间，最好是将课堂分为复习旧知、新课导入、新课讲解、巩固练习、课堂小结等几部分，将一节课的前5分钟用于组织课堂教学和复习上节课学过的内容；第5—10分钟进行新课导入，使学生先对本节课要学习的内容有一个了解；

在思维高峰期的时候，也就是第 10—25 分钟安排教学内容的讲解，使同学们知道本节课学习的重点和难点；第 25—40 分钟进行知识巩固和练习，教师个别辅导与巡视；最后的 5 分钟用来总结并布置作业。

王仁甫老师在长期探索教学实践的过程中发现，课堂教学的 45 分钟之内，学生的生理、心理状态分为 5 个时区：起始时区 5 分钟，兴奋时区 15 分钟，调适时区 5 分钟，回归时区 15 分钟，终极时区 5 分钟。王老师总是根据这种规律，完成不同的教学任务。在起始时区，要促使学生的兴奋点从课间活动转移到课堂学习中来，引导学生将注意力集中到课堂教学内容上，并且尽可能缩短这一时区。在兴奋时区，要把学生的思维引入最佳境界，并尽可能延长兴奋时间，最大限度地达到教学密度、力度，尽可能解决教学重点、难点。在调适时区，要帮助学生度过疲劳阶段，可安排一分钟的笑话、幽默、音乐，或变换教学方式，如进行练习、朗读、实验等。在回归时区，要把教学推向新的高潮，如巩固新课和能力训练。在终极时区，应加大信息量，加快语速，强化情绪，总结新课，圆满完成任务。[①] 这 5 个时区的创设，符合学生的生理心理规律，共同构成了课堂教学的时间"场"，能使 45 分钟的价值充分体现出来，使课堂教学处于最佳状态。

学生必须有充裕的时间体验和沉思，才能自由地提高其心智能力。朱华贤老师说：我在中学教书时，在智力活动完成特别好的课堂上，常给学生下课前几分钟自由聊天、大声说话的时间，学生特别高兴，甚至于对下一节其他老师的课，都起到了精神放松的调节作用。教师根据自己的教学计划，对讲授时间进行适当压缩，留出几分钟的空间让学生自由利用，使课堂上留有空白，学生便可以在空白时间里朗读、演讲、讨论、阅读、解疑……

① 王仁甫. 45 分钟价值曲线 [N]. 中国教育报，2002-09-19.

一名教师讲《大禹治水》一课的过程①

（一）组织教学（5分钟）

老师检查学生人数，讲解课堂要求，检查课业用品。

（二）检查复习（10分钟）

1. 上节课我们学习了什么内容？

2. 玛利亚给斯大林的信的主要内容是什么？

3. 书信有哪些格式？

（三）讲授新课（25分钟）

1. 板书题目、作者。（1分钟）

2. 老师朗读课文，然后学生朗读。（10分钟）

3. 讲述故事，解说课文大意。（14分钟）

（1）很久以前，劳动人民虽常年与大水做斗争，却不能把大水克服。大禹治水时，情况就迥然不同了。

（2）大禹带领劳动人民治水，自始至终，坚持工作，"三过家门而不入"。

（3）劳动人民在大禹的忘我精神的感染下，在大禹的带领下，发挥集体的力量，终于战胜了自然灾害，奠定了农业生产的基础。

（四）布置作业（5分钟）

1. 课后阅读课文四遍，要求吐字清晰，一字不多，一字不少，一字不错。

2. 知道课文的大概内容。

案例中的教师的授课方式看起来没有太大的缺点，但经过仔细分析就会发现，该教师的教学时间分配得不够合理。以每堂课45分钟计算，该教师组织教学的时间占11％，检查复习的时间占22％，总体来说这两部分时间过长，这无形中就浪费了大家的宝贵时间。教师进行新课讲解的时间虽然为25

---

① 胡谊. 教学设计：心理学的原理与技术［M］. 上海：华东师范大学出版社，2010：97.

分钟，但朗读时间就占据了整节课的22％，实际讲解课程内容的时间才占了31％，这说明该教师没有抓住教学重点。一节课学生思维的最佳时间应该是上课后的第5分钟到第20分钟，该教师却在上课后26分钟才进行新课程的具体讲解，这时同学们已处于疲劳期，不能更好地接受新的知识。而且整堂课都是以教师为中心，没体现出学生的主体地位。

一名教师讲解《乘法分配率》的过程①

（一）比赛激趣，提出猜想（3分钟）

（1）看哪道题能做得又快又对

第一题：$8×27+8×73$　　　第二题：$8×(27+73)$

（2）引导学生发现

这两道题运算顺序不同，但结果相同，两道题可以互相转化，可以用一个等式表示：$8×27+8×73=8×(27+73)$

（二）引导探究，发现规律（20分钟）

（1）出示贴瓷砖情景图

先让学生估算一下需要多少块瓷砖，然后独立思考，在小组中交流，让每个学生都在小组中说一说自己是怎么想的。

（2）反馈交流情况

方法一：$6×9+4×9=54+36=90$　方法二：$(6+4)×9=90$（块）

（3）指导学生观察算式的特点

①让学生用数学语言描述算式表示的数学意义及运算顺序是什么，然后比较两个算式。

②让学生体会两个算式之间存在的关系：注意$(6+4)×9$和$6×9+4×9$中的"9"的特殊性，让学生用自己的话说一说。

（4）举例验证

---

① 新思考网. http://www. xsj21. com/YXSJ/XSYT/JXAL/200709/3939. html.

你还能举出含有这样规律的例子吗？（板书：举例）

（5）把结果相同的连线，如有争议可以通过算一算来验证一下

(4+6)×7   4×7+6×7

10×5+5×11   (5+6)×2

5×2+6×2   (13+9)×4

13×4+4×9   5×(10+11)

（6）归纳总结，概括规律

①说一说这些算式有什么共同特点。

②我们能不能用一个式子把乘法分配律表示出来呢？

引导学生用 (a+b)×c＝a×c+b×c 表示。

（三）探索规律，应用规律（5分钟）

（1）我们发现了乘法分配律，它有怎样的应用特点呢？

（2）同桌研究下面的式子怎样计算比较好。

(20+4)×25   101×38   23×15+15×77   26×19+26×81

（3）小结：通过以上计算，你认为怎样应用乘法分配律才更加简便？

（四）巩固练习：（见习题设计）（10分钟）

（五）总结：（2分钟）

这节课你有什么收获？你对这节课中自己的表现满意吗？

（六）布置作业：（5分钟）

（1）(20+4)×25   16×13+14×13

（2）(10+4)×3＝（ ）×3+（ ）×3   5×(25+8)＝5×（ ）+5×（ ）

（3）(20+14)×5   75×23+25×23

（4）解决问题

红旗小学要买78套桌椅。一张桌子45元，一把椅子15元，买78套桌椅共需要多少元？（用两种方法解决）

案例中教师的教学时间分配得相对合理，首先该教师只用3分钟就快速进入教学，通过比赛让学生愉快地参与到学习活动中，能激发起学生的参与

意识，使他们快速进入学习状态。教师新课授课的时间为 20 分钟，并对学生进行了引导，这一环节打破了传统的教学模式，而是采用自主探索、小组合作交流、分组讨论汇报等形式，为学生创设了良好的学习氛围，使学生真正成为学习的主人。新课程讲解结束后，教师又用 10 分钟的时间进行巩固和练习，使学生学习的新知识进一步得到应用巩固，从而达到了学以致用的目的。随后只用了 2 分钟的时间做总结，使学生对本节课的知识进行了回顾与反思。最后又给学生留了课后作业，以达到巩固知识的作用。

教师勿轻言"停"①

韩 影

第一次教学《圆的面积》时，我喊了两次"停"：一次是让学生用手中圆的 16 等分的纸片，按课文中的拼剪方法拼得一个近似长方形后，提问：你们发现了什么？"老师，我发现……""停！你是不是发现长方形的长是……宽是……"第二次是，在利用拼得的近似长方形，老师与学生一起推导圆的面积公式 $S = \pi r^2$ 的基础上，我启发道："下面请同学们发挥自己的聪明才智，动脑思考，动手操作，看看还有没有别的拼法可以推导圆的面积。"同学们一听，人人拿出学具，正要开始大胆实践，我却说道："停！由于时间关系，老师来说吧。"两个"停"字，不知无情地浇灭了多少刚刚迸发出的创新思维的火花。通过课后反思，我才明白：老师勿轻言"停"。

今年又教"圆的面积"，我吸取了上次授课的教训——勿轻言"停"，真正给学生留出思考的空间，让学生做到了"三动"相结合。还是这个知识点，仍然是这两个问题。我大胆放手让学生自己去实践，去经历一番科学家的"发明""创新"过程，学生的思维十分活跃。他们不仅给自己拼摆出了近似的长方形，还与同学一起推导出了圆面积的计算公式，并且得出多种求圆面积的思路：

---

① 中华人民共和国教育部基础教育司. 素质教育案例精选［M］. 北京：中华工商联合出版社，2002.

1. 16 等分拼得近似的梯形：$S=(3c/16+5c/16)\times 2r/2=\pi r^2$

2. 16 等分拼得近似的平行四边形：$S=4c/16\times 2r=\pi r^2$

3. 16 等分拼得近似的三角形：$S=4c/16\times 4r/2=\pi r^2$

4. 用其中的 3 等分拼得近似的三角形：$S=2c/16\times 2r/2\times 4=\pi r^2$

5. 用其中 8 等分拼得近似的梯形：$S=(c/16+3c/16)\times 2r/2\times 2=\pi r^2$……

这些方法均得出 $S=\pi r^2$。

教师勿轻言"停"，就是要把培养学生的创新思维真正落到课堂教学的实处。就像特级教师贾志敏老师的语文课那样，不仅要用耳朵听，还要用眼睛看，用心思揣摩——特别是当学生在自由读书、书写作业的时候。此时，你应当留意他是如何忙着谋划与点拨的。要知道，所有的精彩，或许正是在这时候酝酿出来的。真正的名师往往能化平淡为奇特，点石头成金子。功夫恰恰隐含在等待的火候之中。

<h3 style="text-align:center">谁找到了胜利的感觉？[①]</h3>

仲崇恒

今天是讲除法（两位数除以一位数）的第三天了。通过课堂上的板演讲解以及练习，我看到学生列竖式计算的速度和正确率都有了明显的进步。一班的情况比二班还好一些。上午在做课堂作业时，我问：第一次做这些除法计算题时，你们做错了许多，我很着急啊，后来我想到这都是暑假惹的祸，因为假期会让人变笨的，现在看到板演的 6 个同学都做对了，我太高兴了，你们的聪明回来啦！不知你们谁从中找到了胜利的感觉？"唰"，一班举起了 38 个小手，有的还举起了两只手臂。不过同样的话在二班问的时候，人数要少了许多。至少目前看来，两个班的差距还有。我想这种差距也就是一两节课的事情。回想这三天来上课的情形，我看到了自己的急躁。常常说要把自

---

① 本案例来源于仲崇恒教育博客"数学，你好"。

已当孩子，事实上做得不好。

正如一个网友说的，我已习惯了高年段的教学，思想里多多少少有了定式，开学前理念的准备有了一点，但实施起来还是两层皮。登高望远可也，但居高其实不能很好地临下。看待一个事物，平行观察也许是最好的方式。几天下来，逐步发觉每个班都有三四个学生写作业拖拉。昨天在二班上课时迫不得已实行了限时分段作业，就是先布置3个笔算题，时间8分钟，有百分之七八十的学生全部完成时就告诉其他学生把手头的这道题做完就把作业本交上来，没做完的做在另外的练习本上。在随后的批改中我看到有一个男孩当时只做了一道题，直到下课前才总算把所有作业收上来。作业无论如何不能留到课后。我一方面要加强口算训练，另一方面要逐步要求学生提高书写速度。唉，我的习惯又跳出来啦，不知这样处理对不对。我要不要慢一慢，等等孩子呢？

在教学过程中，学生遇到困惑时，我有如下体会：在数学课堂上要创造一个宽松和谐的教学氛围，减轻学生的思想压力，给学生的创造思维创设广阔的空间。教师和学生要像朋友那样平等相处，要尊重学生的人格，使学生感到心情舒畅，无后顾之忧，这样他们才能开动脑筋，发动思维的"机器"。在学生回答问题出错时，教师要进行鼓励，不能一棒子打死。这样，学生才没有心理负担，才敢想、敢说。

比如某学生回答问题"触了礁"，我总是温和地给予鼓励，使他知道出错的原因，重燃思维的火花。在这样的氛围中，其他学生也能够积极思考，大胆地提出各自的见解。通过对某一问题的剖析，学生们的创造性思维也能得到锻炼。在数学教学中应把握好学生的求知心理，适当地加以引导，使学生的创造性思维向纵深发展。在学生提出许多答案与设想时，教师要认真倾听，准确把握学生的心理状态，适当地引导他们，激发他们的创新思维。同时，数学教学应该贴近生活，提高学生利用所学知识解决实际问题的能力。

结论在无声的思考之后[①]

杜田会

在数学课上，教室里一片寂静，同学们都在全神贯注地思考这样一道题：两个长方形，当它们的周长相等时，面积有什么关系？是否一定相等？

这不是一个轻而易举就能回答出来的问题，教材中也没有明确的结论。但学生们可以用已掌握的长方形的周长及面积的知识，经过一定加工得到结论，这个加工过程就是思考和创造的过程。此刻的学生们正在思考中，不少同学还动笔画着，算着。逐渐，有的同学的脸上有了自信的笑容，有了豁然开朗的神态和跃跃欲试的表情。这时，我轻声说了一句："现在可以和周围的同学交换交换意见。"瞬间，教师里的寂静被打破了，同学们通过画图、举例、计算得出结论：两个周长相等的长方形，其面积可能相等也可能不相等。因为周长相等的长方形，长和宽并不一定分别相等。两个周长相等的长方形，如果长、宽不是分别相等的，其面积自然就不是相等的。

同学们得出的结论是正确的，而这个结论来自前边"无声"的思考过程。想象一下，如果没有这个无声的思考，一上来就让学生们讨论，当然也可以讨论得热热闹闹，也可以得出最后的结论，但是没有了每个人自己认真思考的过程，讨论时被动听别人发言的人就多了，主动参与发表意见的人就少了，学习的效果、讨论的深度自然也就要打折扣了。

通过这节数学课，笔者认为，作为数学教师，在课堂上，除了运用生动、亲切的有声语言，还应该适度地运用无声语言。因为数学教学重要的是发展学生的思维能力，而思维需要的是一种安静的环境，无声的氛围。为学生创造一个无声的、深刻的思考空间，有助于提高他们的思维能力。

[①]　富凯宁.今日做教师（二）：教师的智慧与创新［M］.北京：同心出版社，2001.

好课要舍得浪费时间①

张勤坚

华应龙老师在讲座中谈到的一个观点是"老师在课堂上要舍得浪费时间",这实在是一个很对我胃口的观点。因为我在前一段时间的苏州团队比赛中,就曾经把"不顺"比"顺"更有价值,以及"教学设计的精妙与上课事实上并不完全是一回事"等想法与同伴及评判交流过。但这种交流,仅仅是一种意识上的自我反思,甚至希望把自己的理解和思考"强加于人"。如今华应龙先生谈到"浪费"二字时那么理直气壮,我也似乎找到了支撑自己教学理念的"救命稻草"。

笨办法并不一定就是最无效的方法。技巧性太强的东西,也并不一定最让人记忆深刻。摔一个跟头比一步跨过更能给予学生深度体验。谈到这个问题,我又要重提以前我曾经的观点:"要敢于上一堂不'完整'的课。"这其实和华老师的"浪费时间"是有共通之处的。

但很多时候,我们自己似乎想明白了,却未必有信心去上,尤其是在公开课或者评优课上,"敢于实践"的人就更少了。你舍得浪费课堂时间吗?你舍去的是什么?得到的又会是什么呢?舍不舍得是一种心态,敢不敢于却有些决绝的味道。

以华老师的地位,只要舍得,便是正确的。平常人的平常课堂,敢不敢于,那就绝对要靠勇气了。

平时,我们总是唯恐浪费了学生的大好时光,因而把学生在校的每一分钟都安排得满满的,以为这样就可以帮助学生把握时间了。通过实践我们才发现,把时间安排得过满会起到很大的负面作用。

首先是使学生完全没有创新的机会。学生的每一分时间都被老师牢牢地把握着,他们根本不用思考我下一刻要做什么,只是机械地照着老师说的做就可以了,仿佛他们不需要思考,也没有必要思考。长此以往,学生谈何创

---

① 本案例来源于张勤坚的网络日志。

新？他们连思考的时间都没有，还会有时间创新吗？其次，老师过度干涉学生的时间分配，会让学生丧失自我支配时间的能力。他们只是机械地在老师的指导下进行着学习，可是，如果有一天老师突然没有布置任务，让学生自由安排时间，这个时候，学生就会不安，就不知道该怎么办，不知道是做语文好还是做数学好，也不清楚自己到底哪一点不会，他们会像无头苍蝇一样不知所措。这是很可悲的，我们的社会不需要这样的人才。我们需要培养的是一群有头脑，有思想，有自主能力，有挑战精神，有创新意识，紧跟时代要求的新型人才。另外，过度地支配学生的时间，会让学生产生依赖心理，感觉老师安排着自己的一切，老师的话就是绝对真理，从而丧失自主性。而作为一个个体，每个人都要有一定的自主性和独立能力。

学习链接

反思拖堂①

在今天的优质课上，我的一大失误就是拖堂。课后反思，发现自己竟然是习惯性拖堂，并不是因为实在讲不完才拖堂的。这与我平时的不良习惯有很大的关系，明明一节课已经完成任务，只需要讲结束语就可以了，偏偏还要再说一些无关痛痒的话，占用同学们几分钟的时间。很早就有同事提醒过我，可是我并没有引起注意，几乎节节拖堂，现在想想自己都受不了。我必须痛下决心，改掉不良习惯，不再拖堂。首先，必须认识到拖堂这一坏习惯的严重性，然后制订出切实可行的办法来改正这一恶习。虽然，今天并没有拖堂很长时间，但是我已经充分认识到它在一节优质课中所起的反面作用了。我是一个喜欢追求完美的人，却往往做出并不完美的事情来。像今天这节课，我从昨天晚上开始构思，今天早上六点多醒来重新在脑海里过电影，对每个细节都考虑了几遍，虽然由于时间问题，准备得不是很充足，但也是用了一番苦心的，但是今天竟然出现了拖堂三四分钟的现象，非常遗憾。

---

① http://whn80.blog.163.com/static/26208110200988832555912/edit.

同事们帮我查找原因时，我忽然发现，这样的拖堂竟然是我潜意识里的影响。我平时喜欢拖堂，总觉得能多给学生讲点就多讲点吧，能比别人多讲几分钟就多讲几分钟吧，既不考虑学生有多反感，也不考虑对其他同事的影响，这是很自私的表现。久而久之，拖堂成了习惯，一节课不多上几分钟，就感觉像是少了点什么似的，实际上，如果能在上课前抓紧点时间，提前一两分钟进行课前准备，比课后拖堂效果肯定好。

以前，我从未把拖堂当成一回事，老是想着不是才占了学生两三分钟的时间吗，我还不是为了让学生多学点知识？现在想想，这种想法本身就是错误的。课间几分钟对于学生来说是很重要的，他们可以让疲倦的脑子休息片刻，为下节课的学习做好准备。拖堂虽然可以多讲授些知识，但是，第一，效果不好，第二，影响下节课的开展。

再往深里反思，我感觉我的拖堂习惯和自己的性格有关，我有时候太啰唆了，老是怕学生学不会，没有掌握住，总是不停地重复，学困生可能会因此有些许进步，但是成绩好的学生也会因此而耽误时间。班中的学生参差不齐，程度不一，有些同学不用讲都会的东西，有些学生却什么也记不住，一边讲新知，一边复习旧知，很影响进度。但又不能丢下一个，常常会因为复习而完不成学习任务，拖堂竟成了习惯。总之，不管怎样，拖堂这个问题目前是我亟待解决的问题。

八、 给学生机会与师德修养

给学生机会，我认为包含三个方面，即给予学生表现的机会、及时改正错误的机会以及为学生提供选择与创造的机会。

多给学生机会就意味着多给学生一种经历，一种经验和体会，一种创造的可能；多给学生机会就是多给学生亲自动手做事的机会，而不急于先告诉他们该如何去做。让他们自己去做，使他们从自己的错误中学习，因为你不能代替他们的人生体验。学生丰富的经历、独特的感受，是创造力的源泉。所以给学生机会，就是给学生提供创造的环境，给他一个选择、尝试和不断挖掘自身潜能的自由天地。

《新课程下的初中数学优秀教师发展标准》中指出，教师应有正确的学生观。这就要求新一代的教师有"抓细节"的能力，及时发现学生在课堂内外思维的火花、闪光的瞬间，给学生以表达自我想法的机会，让其亲自感受成败体验，并及时给予其有效评价。

给学生机会意味着留有空间与空白。优秀教师能激励学生去挖掘出自身的潜力。教师的最大贡献就是帮助学生意识到自己的潜力并去塑造，进而改变他们的生活。

特级教师贾志敏在《突出学生 淡化自己》一文中讲过这样一件事：20世纪80年代初，某省一个教育代表团到上海考察。他们找到上海师专的语文教学专家张平南老师，希望观摩一节优秀教师的语文课。张平南思忖：一师附小的特级教师臧慧芬教学经验丰富，她班上的学生自学能力特别强。于是，带着他们来到一师附小。那天，臧老师上的是课外阅读指导课。臧老师的开场白仅寥寥数语。之后，便由学生介绍各自的读书习得。孩子们互动交流，踊跃发言。其间，有提问，有抢答，有补充，还有争论，气氛颇为活跃。课堂俨然成了孩子们交流、学习的天地。臧老师则适时给予点拨、引导，连总结也言简意赅。话语虽然不多，却句句说在点子上。

课毕，听课者大惑不解："这算高水平的课？"因为他们认为臧老师话语不算多，形象不光鲜，语言不出彩，连普通话也不地道……张平南老师问："这班学生怎么样？"这一问，大家情绪高涨："好，好！学生个个能说会道！我们的孩子无法相比！""这就对了，臧老师留出时间给学生，让他们成为课堂的主人。久而久之，学生的能力就得到提高。今天课上学生的表现充分证明了这一点。"张老师说，"我们看课上得怎么样，是要观看学生在教师的指导下学习和提高的过程。臧老师的经验也许就是'突出学生，淡化自己'。"

众人不语，似乎都认同张老师的意见。

提起旧事，引出老话：我们该怎样上课？该怎样听课？张平南老师 20 多年前说的话，今天听来，我们仍然感到非常中肯、亲切。

背景：小静，初中学生，平时上课较沉默，成绩在中等徘徊，属于班级中不太出众的普通学生。

"同学们，昨天让大家针对《出师表》进行备课，你们都准备得怎么样了？现在谁想上来讲啊？"老师的话音一落，学生们便纷纷低下了头，一副生怕老师叫起来的样子。老师有点无奈，不经意间却看到小静的手欲举非举，于是决定让她讲解。果真没有让老师失望，小静的讲解相当漂亮，思路清晰，翻译准确，而且与同学间的互动恰到好处。老师给予极大的鼓励与评价，其他学生也向她投去敬佩的目光。小静同学感到得意万分，课后也开心不已。

在按下来一段时间的语文课上，小静异常活跃，老师也尽量让她回答其能回答的问题，以培养小静的自信心。在随后的学习生活中，老师还让小静当上了小组长，负责收发作业。小静的学习积极性越发高涨，成绩显著进步。①

这个课堂上的情况我们都经历过，只是教师采取的处理方式不同，收到的成效不同罢了。笔者认为案例中老师的处理方式很恰当。有些学生由于腼腆而不敢轻易在课堂上发言，他们害怕失败，害怕老师的责备，哪怕方法再好也不敢说出来与大家分享，过后又会因为自己没有说出想法而后悔自责。这就需要老师用发掘的眼光找到他们，并给予鼓励，让他们把握住表现的机会。案例中的教师正是发现了这名学生的这一点，并开始挖掘，同时给予适时的评价激励她，给她下次的发言做了很好的铺垫。

案例中的教师符合《新课程下的初中数学优秀教师发展标准》中提到的

---

① 该案例为齐齐哈尔大学学生作业，这是作者的一个学生自诉的真实故事。

教师应有正确的学生观的要求。学生是在不同的教育背景中成长起来的，他们的学习生活环境也不尽相同，我们必须尊重和承认每个学生的个性和价值，相信每个学生在学习上都有专长的部分，给所有学生提供平等和恰当的学习机会。

教师应当通过观察、谈心等形式及时了解学生的心理特点和思想变化，适时恰当地给予学生鼓励，以便更好地树立学生的自信心，从而更好地抓住机会，减少不必要的因错过机会而留下的遗憾。在教育实践中，教师应用发现的眼睛来挖掘学生的闪光点，并给予其展现的机会，在展现之后给予积极的评价。给犯了错的学生自我反省的机会，用慈母般的爱去滋润他们的心田。长此以往，相信我们会收到意想不到的教育效果。

撤销的"记过"处分

2003级学生宋××是计算机科学与技术专业的学生。2004年，该生因专升本发挥失误，没有分到理想的学院。新学期开学后，他意志消沉，经常旷课。2005年，我到学院做辅导员，曾经坚持每天早晨到他宿舍督促其上课，但一段时间以后，宋××又故态复萌。在教育无效的情况下，我只好按照学院的规定——旷课10节，警告处分；旷课20节，严重警告处分；旷课30节，记过处分——对其进行处理。宋××以为这些规定不过是学院拿来唬人的招数，毫不在意。但当自己被叫到办公室，当面在处分通知上签字，处分将被装入学籍档案时，他的眼神开始变得慌乱起来。"能不能再给我一次机会？"我心中也有些不忍，但想到之前自己那么多的努力都化为乌有，狠狠心，就把装有处分文件的档案收到了档案橱。这次打击显而易见，我料到宋××会比较消沉，第二天，第三天，他都是迟到十几分钟。在课堂上也是蔫头耷脑的，甚至出现酗酒现象。我没有刻意过问，有意考量一下他的心态变化。

一星期后，他明显憔悴了不少（心里难受，看来还是挺想上进的）。我让他说说这一个星期的感受，他说："几乎是一片黑暗了，特别是档案里有了这个处分，将来走向社会都抹不掉，太残酷。"我又问了问他对旷课乃至厌学的态度，他说现在想明白了，但为时已晚。"这次处分对你的触动确实很大，我能体会到这一个星期你是怎么熬过来的，这样吧，我给你一次机会，如果你能坚持天天按时上课，我可以考虑把你的处分从'记过'降为'警告'，如果你能在期末考试中把成绩提到班级前10名，我就当着全班同学的面把处分撤销。"他似乎不敢相信，但看着我不容置疑的眼神，脸上浮起了笑意："谢谢老师。"

改变长期形成的习惯当然是有难度的，我隔三差五地到宿舍进行督促。一个月之后，宋××基本能按时出勤了。我又找了学习委员，让他经常陪着宋××学习，这样一直到期末考试。成绩公布，他的学习成绩竟然排到第六位，而且拿到了奖学金。他兴冲冲地说："老师，我请你吃饭！"并没提撤销处分的事情。他不提，我可不能忘："不忙庆祝，我先兑现我的承诺。"在一次班会上，当着全体同学的面，我撤销了宋××的"记过"处分。

"人非圣贤，孰能无过。"学生不是圣人，犯错是在所难免的，如果此时教师不考虑原因及批评的言辞、场合，很容易使学生的自尊心受到伤害。一旦学生的自尊心受到伤害，不仅不利于学生对错误的认识和改正，反而容易引发学生的逆反心理。因此，当教师教育犯错误的学生时，一定要讲究方式方法，给予学生自我反省的机会，给予学生改正错误的机会，以便学生从心底想改正错误。

案例中的教师巧妙地利用让学生以达到老师要求的期末成绩换回对其的处分的方法来激励他，使他在学习的同时改掉错误，这就在给学生反省机会的同时收到了很显著的效果，既提高了学生的学习成绩，增强了他的自信心，激发了他对学习的兴趣，又帮助他撤销了处分，可谓一举多得。给予学生处分虽然在学生集体中能起到警示作用，但对学生个人而言却是一次沉重的打击。教育的本质是"育人"，学生犯错在所难免，但要在犯错后为其保留改正的机会，这才符合教育本质的要求。

在实际的教育教学中，面对众多在不同教育背景下成长起来的学生，教师要寻找到一条培养健全人格、全面发展建设者的有效途径，必须将教育方法与学生个性相结合。案例中的宋××在受到处分，认识到自己的错误后，给教育者提供了一个"导之向上"的机会，当得到老师的只要期末成绩达到要求就能撤销对其处分的承诺后，他便更加努力学习，最终通过自己的努力达到目标，撤掉了处分。

学生的心理是复杂的，学生的心理又是简单的。他们渴望有展示自己的机会，可是由于自己的犹豫或腼腆而不敢主动展示。这时就需要被老师发现，并给予他们勇气站上那早已准备好的舞台。这就需要教师有双挖掘的眼睛，随时发现学生身上的闪光点。当然，学生要的不仅仅如此，当他们不经意间犯下错误时，他们渴望被原谅，渴望有一个改正的机会，渴望老师能理解帮助他们，渴望老师别选择放弃。

给学生一个机会，将让你收获一分不一样的惊喜！

由"找座位"引发的教育反思①

张爱玲

刚开学没几天，孩子们就嘟囔着："该调座位了，再不调就闷死了！"看得出，很多孩子对现在的同桌不满意，盼着有所改变。不过，我这个"老班"并没有马上顺应"民意"。因为每次调换座位都让我绞尽脑汁：要照顾到个子高矮，要协调学习差异，还有几个调皮鬼需要"特殊照顾"。总之，这件事看似简单，要做好还真不容易！这天课间，我愁眉苦脸地站在教室门口，想着该怎么调换座位，无意间听到两个女孩的对话。"我要是能和你一组就好了。""是啊，那咱俩就能一块儿做作业了！"我的脑海中顿时闪过一个主意：干吗不让孩子们自己选择同桌呢？我不常说要尊重学生的自主权吗？既然孩子们有这个意愿，我不妨给他们一个尝试的机会。

当我把这个想法告诉孩子们时，教室里一阵骚动。在调换座位前，我跟

① 张爱玲. 由"找座位"引发的教育反思 [J]. 人民教育，2008 (10).

学生"约法三章"："首先，所选之人能和你互帮互助，共同进步；其次，所选的位置要适合自己的身高，不能不顾及他人；第三，如果所选的位置与别人发生冲突，不得强行驱赶，要以理服人；最后，时间限定为十分钟。"随着我的一声令下，孩子们立刻忙碌起来，有大呼小叫找朋友的，有小声和别人商量的，有喜出望外的，有惊慌失措的，教室里像过节一样热闹。十分钟过去了，找好座位的孩子陆续坐下来，只有四个孩子还没找到合适的位置。

给学生机会意味着为学生提供选择的机会。选择性是主动性的一个显著特征。让学生真正成为学习的主人，就应该给学生以充分选择的机会，让学生干自己愿意干、能够干、想要干的事情。例如，教师布置的作业有 A 类和 B 类，学生可以自选，基础题之外有选做题等，让学生选择比硬性规定学习任务，更能激发他们的主动性。

当新的问题出现时，也可以让学生选择解决的方法。如让学生自己提出本节课的学习目标，最后检测其是否达到目标。在这样的环境熏陶下，学生与教师的合作性日益增强，利用已有知识解决新的问题的能力也逐步得到提高。

偶尔给学生讲课的机会①

董银玲

我的数学成绩自上学以来就一直不错，尤其是到高中的时候。高中时期我们班主任极其重视我们的数学成绩，他经常让数学老师在自习课上出一些难度适中的题，谁会谁就去讲。不论学习成绩怎样，不论这个人平时有多么"不着调"，只要这道题你会你就可以站到讲台上讲。

记得我第一次打算站到讲台上给同学们讲题之前，足足准备了近半个小时，我将这道题涉及的所有知识点以及同学们可能不会的地方都研究明白，翻阅了教材、笔记等一切可以用到的工具，最后熟悉到题目我都能背下了才

---

① 该案例为齐齐哈尔大学课程与教学论作业.

去讲。当我真的站到讲台上时，看到讲台下50多双眼睛齐刷刷地看着我，紧张得拿着粉笔的手都在颤抖。当我回答他们所提出的一切疑问后他们的掌声响起时，我因为我讲的东西他们能听懂，也因我扫清了许多知识盲点而感到高兴。后来数学老师给我上台讲题的机会越来越多，甚至老师有事请假，都会提前交代我让我替她给同学们讲习题。

记忆最深的就是数学老师对我说："上一个年级上课帮我讲课的人高考数学考了135分。"就这样，在不断给同学们讲题的过程中，我的知识盲区不断扫清，对一些类型题甚至能做到扫一眼就可以作答。最后我也如老师所说，高考数学取得了全校最高的成绩。与此同时，我变得更加自信，与高一时那个举手回答问题都不好意思的我已截然不同。所以偶尔给学生提供讲课的机会，让他们在准备的同时加深对知识的理解，也会培养学生的自信心。

董银玲同学进一步写道：但是，既然是"偶尔"就代表一定要掌握好这个"度"。我上初三的时候，"上课学生讲，老师听"正被大力推广，"导学案"一时之间被我所在城市的各个校园引入课堂。也许是为了适应学生讲课，所以导学案的大致结构就是一些课本上的知识点填空，一些简单的课后习题。上课小组一讨论，把空一填，每组派出一个人讲一下课后习题，一节课就这么结束了。没有更深的理解，就连讨论时同学们也仿佛是在玩闹。"让学生讲"似乎成了一种形式，一种学校为了满足上级领导要求而做出的姿态。一些学生和个别老师因为每节课玩玩闹闹就可以完成而高兴不已，但是大部分老师都认为这种形式主义偏离了让同学们讲课的目的，不仅不会让同学们更好地了解课本知识，还会让同学们形成一种随便应付的作风。最后"导学案"逐渐消失，课堂又回到了老师讲、学生听的传统模式。

在这里我不是批评让学生讲课讲不好，只是如果我们没有掌握好这个度，就会产生上述情况，与怎么想让学生在体验备课、准备的同时，增加他们对文本的理解的初衷背道而驰。所以老师要在"掌控"课堂的基础上，让同学们偶尔尝试去讲课。

"误导"一下学生 ①

在教学中，张思明老师有时甚至有意识地"误导"一下学生，再让学生检错，找漏洞，从反面加深认识。且看他的一节立体几何课：

问题是：最少用几颗地球同步通信卫星，其讯号可以覆盖整个地球？

站在讲台上的张思明先是自言自语："我看有两颗卫星就够了。"很快，学生们就画出了图1，并且发现老师的结论是错误的。老师让了一步，语气肯定地说："3颗卫星一定够了。"并画出了图。这时已有大多数学生支持老师的结论。老师得意地问："谁还敢有不同意见？"部分学生的逆反心理被激发，开始认真地寻找老师的破绽，不一会儿就通过图3发现老师的结论还是错的。"那你们看结论应该是多少颗？"学生们在老师的鼓励下，得出了"4颗卫星可以满足题目要求"的结论。老师脱口说道："这回不会再错了吧？"然后翻开一本准备好的《数学题解辞典：立体几何》给学生看，书上这道题的结论就是如此。

最后，张老师启发学生用自己学过的其他学科知识考察这个结果的正确性。学生们才发现，他们设计的"四星"结果在物理学上是不能成立的，因为地球同步卫星只能定点在地球赤道平面的轨道上。无疑，这样一节课可以培养学生独立思考和理论联系实际的学风，这样的学习过程可以给学生许多题外的收获。

教师在教学过程中应是什么样的角色？张思明说："我们常常习惯于把教学过程变成一个教师自编、自导、自演（少数学生当群众演员）的教案剧，我们的角色是编剧、导演、主演，是正确的化身，是英明的先知。现在我常想，是不是应该时常去扮演一下这些角色：模特——他不仅演示正确的开场，也表现失误的开端和'拨乱反正'的技能；参谋——提一些求解的建议，提供可参考的信息，但并不代替学生做出决断；询问者——故作不知，问原因，

---

① 杜泽成，杜朝君. 给你数学的美丽天空：记北京大学附中数学特级教师张思明［N］. 中国教育报，2002-09-07（3）.

找漏洞，激励学生弄清楚，说明白；仲裁者——评判学生工作及成果的价值、意义、优劣，鼓励学生有创造性的想法和做法。"[1] 教师在备课中、在课堂上，应该着重考虑什么？"以前我想的是，应该把什么东西给学生，以什么方式给学生，后来我发觉，这并不一定好。其实我们常常应该逆向思维一下，想一想把什么不交给学生，而让学生自己去发现"。由此，张老师从多年的教学实践中探索出了"导学探索，自主解决"的教学模式。它可以通过如下形式来实现：引导与问题的设置→探索讨论后或分解或化归→自主解决问题→自我评价，练习小结→求异、探新，延伸问题链→回到第一个环节。

学习链接

给学生多一点调皮的空间[2]
——质疑全天候班级管理法
朱华贤

那天到某小学去听一节五年级的语文试教课，从后门走进教室坐定，发现前门旁第一组的第一张学生课桌前，面对学生坐着一位中年教师，她正在管自批改作业。原以为等上课铃响，她会离开，谁知，整整一节课，她都在批改作业，只是偶尔抬起头来扫视一下学生。课后，问陪同听课的教导主任，得到的回答是："这是学校的制度，凡班主任都要求在教室里办公，这样，能时时刻刻地看管着学生。哎，你别说，纪律确实要好很多，那些调皮学生再也扑腾不了啦。这叫全天候管理法。我们是从一所很有名的民办学校学来的。"当问到"这样做，上课的教师是不是感到别扭"时，这位教导主任承认："任课教师起先是有点意见，但现在也习惯了，认了。而且有的教师也可以少费一点精力抓纪律，原先总有一些课堂是乱糟糟的，现在要好得多了。"

---

① 杜泽成，杜朝君. 给你数学的美丽天空：记北京大学附中数学特级教师张思明 [N]. 中国教育报，2002-09-07（3）.

② 朱华贤. 给学生多一点调皮的空间 [N]. 光明日报，2006-12-13.

听后，我竭力想寻找一些这样做的好处，也确实寻找到一些，但内心总觉得不大对头，我在想：假如我是学生，我会怎么想？假如我是任课教师，又会怎么想？假如我是班主任，心里又会有何感慨呢？

毫无疑问，这种全天候班级管理的出发点是好的，就是为了更全面地管理学生的课堂纪律，提高课堂效率。想出这种办法，可谓煞费苦心，没有责任心的人是想不出来的。从短期来看，效果也许会有一些。但是，从长期来看，这无疑是一种弊多利少的管理模式，特别是对学生，不良影响甚至伤害可能会很大，持续很久。

相对而言，班主任是一个班级的最高管理者，其权威是不可否认的。上每一节课班主任都端坐在教室前面，这犹如国王君临平民，当然有一定的震慑力，有的人可能连大气都不敢喘，即使是调皮的学生大多也不会轻举妄动，如果是一些胆小和内向的学生，更是不敢有丝毫走神。课堂纪律要遵守，即使是音、体、美之类的课，也应该有一定的规矩。

但是，遵守纪律也得有个度。对于小学生来说，上课时偶尔做个小动作，讲几句多余的话，甚至彼此悄悄开个玩笑，顶老师几句，都是正常的，算不上什么。孩子天性活泼好动，在课堂上犯点错，违点规，不但是难免的，而且是应该的。一个在课堂上从来不做小动作、不走神、不敢越雷池半步，把纪律当圣旨的人，将来绝对不会是一个富有创造力的人。这是早已被无数事实证明了的。

班主任"虎视眈眈"地端坐于前，让孩子们每时每刻都处在高度紧张之中，在维持了纪律的背后，极有可能是扼杀孩子们的顽皮和童真，是禁锢孩子们应该有的自然与天真、活泼与生动。久而久之，有些学生就会变得缩手缩脚，谨小慎微。心理学研究表明：长期处于高压政策和强者监视下的人，会产生心理变异，重者还会出现心理疾患。这也许就是全天候管理教育潜在的弊端。

不管是班主任还是其他任课教师，每一位老师都应该有自己的职责权限，该管什么和不该管什么都有明确的分工。班主任端坐于前，这无疑是扩大了权限和职责，承担了不应该承担的职责和义务，增加了他们的工作量，同时减少和削弱了其他教师的权限和职责。这种减少和削弱，很容易让任课教师产生这样的心理：我们只管上课好了，其他就什么也甭管了，反正有班主任在。这种心理，既不利于教师间的关系协调，也不利于对学生的有效管理。班级管理也是一个系统工程，需要每一位教师密切配合，一个班四五十个学生，光靠班主任一个人的智慧和能力，往往是难以管理好的。

孩子调皮，这是他们的特殊权力，谁也不应剥夺。给孩子多一点调皮的空间，给他们一些犯错的机会吧。纪律是需要加强的，但加强纪律不能像居委会防止小偷似的监控学生，也不是母鸡孵小鸡似的形影不离地护卫学生。教育中所采取的一切手段，都不能以扼杀学生的天性为代价，也不能以妨害学生的个性发展为筹码。

九、　教学相长与师德修养

1. 教学相长的内涵理解

教学相长，这是一个师生之间共同成长的话题。这个话题已绵延几千年，它第一次见于先秦时期的《礼记·学记》："虽有嘉肴，弗食，不知其旨也；虽有至道，弗学，不知其善也。是故，学然后知不足，教然后知困。知不足然后能自反也，知困然后能自强也。故曰：教学相长也。"其朴素的哲理深入人心，其影响也不仅是在教育领域。多年前我曾在《读者》上看过一篇《农妇语录》，其中"农妇与小儿子的谈话"，让我眼前一亮："我看雷老师的水平不低。谁都有不懂的东西，不懂就问，这也是水平。老师向学生请教没有什么好笑，大队书记也问过我怎样种茄子呢！"这位有趣可敬的农妇，她睿智的话语，已经道出了"教学相长"的含义——教师可以向学生学习。

教学相长——教和学互相促进，是我国古代教育传承下来的一份宝贵财富。它涉及的关键词有教与学、教师、学生、相互学习。这里的"学"非指学生的"学"，所以，它原先并不是表述师生关系的命题。它强调的是教师在教的过程中可促进学。后来，明代大学问家王守仁把这一思想发展为师生之间互相推进，共同提高①。人民教育家陶行知在《陶行知文集》中关于教学相长有很多精辟的论述，值得我们反思与借鉴，如："做先生的，应该一面教一面学，并不是贩买些知识来，就可以终身卖不尽的。""在共同生活中，教师必须力求长进。好的学生在学问和修养上，每每欢喜和教师赛跑。后生可畏，正是此意。我们极愿意学生有一天跑在我们前头，这是我们对于后辈应有之希望。学术的进化在此。但我们不能懈怠，不能放松，一定要鞭策自己努力跑在学生前头引导学生，这是我们应有的责任。师道之可敬在此。所以我们要一面教，一面学。"

2. 教学相长中的师德修养解读

一是教可以促进学与思。

当今教育同古代相比已发生了翻天覆地的变化。一方面，今天的学生观比较开明，学生自主意识非常强，学生获取知识的途径更为多样化；另一方面，现代教学内容更为丰富，而且教育对象大大增加。在此情境下，教师自身必须有足够的理论知识的准备，必须不断丰富、不断学习新知识。"教然后知不足"，就是说教师在教的过程中感到自身知识困乏时，应该及时学习，不断更新自己的知识。孔子曰："学而不厌，诲人不倦。"笔者认为他说的就是教师要不断学习，因为这样才有新鲜的血液补充，才能跟上时代的发展步伐。

反之，如果教师天天教授旧知识，翻来覆去地讲，那就会索然无味，教师没有积极性，学生学习效果差。现代教育不是只需要一个只会将知识传递给学生的教书匠，而是需要一个复合型的新型教师。现在知识更新得很快，这就要求我们每位教师都要养成终身自学的习惯。除了专业方面的学习外，还要注意学习一些教育教学理论，改进我们的教育教学工作。

---

① 殷海华.《学记》教育智慧品读［M］.长春：吉林大学出版社，2008.

从教师角度来说，教学过程就是一个自身专业化成长的过程。第斯多惠说得好："谁要是还没有发展、培养和教育好自己，他就不能发展、培养和教育别人。"为教学生，教师必先教自己，以促进学生的学为落脚点。教师自身的教与学也是同步发展的，一位语文教师对此是这样举例说明的：为教好鲁迅小说《药》，首先必须博览、研读与《药》有关的研究资料及鲁迅的其他作品，以增强对鲁迅作品的理解，其次，须搜集研究名师处理本课的教学研究成果或方法，把它当作自己教学的借鉴。这样一课一课地"教"，一课一课地"学"，天长日久，日积月累，就能使自己成为语文教学所需要的"杂家"和"专家"。学高为师，身正为范。陶行知说："要想学生好学，必须先生好学。"车尔尼雪夫斯基说："把学生造成一种什么样的人，自己就应当是这种人。"这些名人名言都说明了教学相长的重要性。

　　二是教师也要向学生学习。

　　教学相长现在的意义是指师生之间互相推进，共同提高，即教师不仅要传授学生知识，还要向学生学习。"教然后知困"还有一个原因就是教师如果不了解学生，就不能很好地引导学生学习，对学生的学习进步起不了很大的作用。陶行知先生说过，成为一名优秀教师的条件之一就是"跟小孩子学习——这听来是很奇怪的，其实先生必须跟小孩子学，他才能了解小孩子的需求，和小孩子共甘苦，才能救小孩，才能发挥他们小小的创造力"[1]。陶先生还说过："只须你甘心情愿跟你的学生做学生，他们便能把你的'思想的青春'留住，他们能为你保险，使你永远不落伍。"毛泽东也提倡教师向学生学习，"向自己教育的对象学习"[2]，提出教师自己的教与学要三七开，即：教员要向学生学 7 小时，再教 3 小时，有课本时，对半分，向学生学 5 小时，再教 5 小时[3]。魏书生老师在其多次演讲中也总是强调教师要多向学生学习，他总是虚心地听取学生的意见，向学生学习，因此他的教学很成功，特别是在

---

①　陶行知. 陶行知教育名著教师读本［M］. 上海：上海教育出版社，2003：6.
②　毛泽东. 毛泽东著作选读：甲种本［M］. 北京：人民教育出版社，1965.
③　毛泽东. 毛泽东书信选集［M］. 北京：人民教育出版社，1983.

班级管理方面。

三是学生可以超过教师。

在这一点上，孔子曾说"三人行，必有我师焉"，可见学生不一定不如教师，而且可能"青出于蓝而胜于蓝"。韩愈深刻意识到了这一点，说："弟子不必不如师，师不必贤于弟子，闻道有先后，术业有专攻。"他一语中的，学生是可以超过教师的，但在今天的课堂中仍然有"满堂灌""一言堂"等现象，教师一味地灌输，学生只有被动地接受，即使教师讲错了，学生也要接受，这是不正确的。教师必须改变观念，意识到教学相长的三个层面的意思，特别是最后一层，即在某些方面学生是可能超过教师的，要给学生创造自主发展的空间。教师在课堂上要引导学生敢于发现问题、提出问题，与学生共同切磋，最终达到共同进步的目的。

"裹脚"的波澜①

于漪老师在课堂上讲《木兰诗》时，有个女生提出疑问，认为诗中写的"同行十二年，不知木兰是女郎"这句话不可信。理由是如果同行十二年，还不知木兰是女郎，难道军士们都是傻瓜？别的不说，木兰总得洗脚吧，她一洗脚，就暴露了，因为女子在古代是要裹脚的。她这一说，其他学生七嘴八舌，也十分赞同。我在一片喧嚷声中随口说了一句："那时女的还不裹脚。"快下课了，学生还是不罢休，追着问："那么，女子是从什么时候开始裹小脚的呢？"我被问懵了，回答不出。我只能老老实实地告诉学生："不知道，没研究过，这个问题我也说不准，等课后查查资料再告诉你们吧！"我被学生问住，挂黑板了。

课后，她果真查了不少资料，终于弄清妇女裹脚是从南唐李后主时开始的，从而给了学生圆满的答复。

① 于漪. 反思 [M]. 南宁：广西教育出版社，2008：193-194.

承认自己不是万能的，这并不会让学生蔑视你，只要教师不是不懂装懂，糊弄学生，只要教师是真诚的，偶尔课堂上有点瑕疵，倒更真实，更可信可爱。问题是教师要思考怎样化阻力为动力，把自己在教学中遇到的问题和不足当成进一步学习的动力。就像案例中的于漪老师，她在课后先查"二十四史"，没有找到，又查风俗史才找到答案：南唐起，女人开始裹小脚。

　　于漪老师在《反思》一书中感慨道："一是教以后总比教以前清楚一点，为什么？因为学生想问题与成人有区别，他们好奇心强，更直觉，更喜欢究根问底（我想这也是应该欣慰的，因为学生更了不起。正是学生的'问'，让我们发现了备课时没想到的问题，看到了自己对知识储备的不足）。二是'教然后知困'。由于时代在前进，社会在进步，学生思维活跃，视野开阔，想得宽，想得深，也想得杂。涉及的问题五花八门，这就大大增加了教者'困'的程度。'困'在哪里？文化积淀薄弱，相关的知识贫乏。'知困'远远不够，更重要的是下决心解'困'。"

　　怎样才能逐步解"困"？怎样才能在有限的课堂教学时间内，正确而及时地解答学生提出的各种各样的问题呢？其实，语文教育家于漪老师取得的成就已为她如何解"困"做了最好的注释。她的教学之路鲜明地印证了教可以促进学，这是教学相长的内涵之一。她有一句名言："与其说我做了一辈子教师，不如说我一辈子学做教师。"这是"教可以促进学"的最好注解。

教学相长——《棉鞋里的阳光》教学案例与反思①

　　课堂上，孩子们正绞尽脑汁地想着"自己在家为父母做的事"，忽然，有一位叫雪梅的小女孩站起来说："老师，你为自己的父母做过什么事呢？快给我们讲讲吧！"

　　"我？"我语塞了，我没想到孩子们会出这么一招。"快说啊，我们要听！"孩子们兴奋地鼓起掌来。这时，一向善于随机应变的我显得有些尴尬了。怎

---

　　① 梁清玉. lslowsnall@yahoo. com. cn.

么会这样？怎么反过来问我了？哎，这可怎么办，我该怎么说呢？我努力搜索着，可脑中一片空白，什么也想不起来。

正在这时，下课铃响了，我趁机给自己找了个台阶："同学们，老师下节课再告诉你们，好吗？"孩子们热情不减地回答："好！"回到办公室，我静静地坐在办公桌前，回忆着刚才的一幕。一年级的孩子，他们的心灵是纯洁的，提出这一想法，纯粹是善意的，因为他们也想了解老师在生活中是怎样的一个人。他们的好奇心在我这儿却遇阻了，白白地失去了与他们"零距离"接触的机会。

以下是执教者的反思：

《棉鞋里的阳光》这一课通过对小峰母子给老人晒棉被、晒棉鞋的描写，赞扬了尊老敬老的好风尚，目的是让学生懂得应该怎样关心长辈，学会体贴。学习课文后，让孩子们说说"自己为家里人做了什么事"这个问题虽然简单易答，也确有孩子能列举出一两件事出来，可他们感兴趣的却是老师在生活中的事，我怎么没想到呢？

新课改开始后，我努力在课堂上体现学生的主体性，让学生尽情地读，尽情地说，大胆地问，可我就没有把自己的情感、故事及生活结合教学适时地展示给学生，以至于面对学生的发问，我竟无言以对。细细想来，这些年，我们一家三口和老人没住在一块儿，平时生活成了两点一线，学校里忙工作，回家还得做家务照顾儿子，哪里还有时间想老人，照顾老人？我已想不出"为老人做了什么"，多可怕啊！我的心灵受到了极大的震撼。

老师为人师表，应率先垂范，不光是在课堂上用书本上的内容去熏陶教育学生，教孩子做人，更应该用生活中的言行去潜移默化，去感染学生。想到这儿，我知道了下节课该怎么上，更明白了生活中该怎么去做……

"老师，你的解释有错误"①

这是棒球击球跑垒的新授课，按照教学计划，只要能让学生了解并做出击球跑垒的动作就可以了。在课堂上，老师把男生分成两组后，简单地讲述了防守队员应该如何投球和传接球，攻方击球后应该如何逆时针跑垒踩包，提了些学练要求就让学生上场演练了。在刚开始的几个回合中，由于学生们攻守不协调，出现了一边倒现象，没有精彩可言。一会儿，一些同学就产生了无聊感。有位男生突然向老师说道："老师，你的解释有错误。以前在体育频道上也看到过棒球比赛，就是看不懂，但人家跑垒好像不是这么回事。我就知道投球和击球都有好几次机会的，好像一个是三次，一个是四次，不是现在的一次性就完，这样一点也不精彩。你说呢？"一言既出，满场哗然。

老师一时语塞，这是教学内容拓展开发的一个教材，对师生来讲，本身很有新意又有趣，大有开发的潜力。不过，对棒球的比赛方法、规则、流程，说实话，老师也没有好好研读，处于摸索阶段，而是"现学现卖"，了解了一点就先上场了。面对学生一语中的的指责，虽然有意辩解，但也总不能不懂装懂吧。老师平静了一下，对那位同学说："你的提问很好！其实，老师也不是全才，我也是在课前刚学习怎么打棒球，今天确实准备得不够充分，所以一时也不能给你做出满意的解释。""我想能不能这样，下课后我们大家一起去查找一些资料，下一节课共同来解释这个问题。"接着，老师不失时机地对这名学生给予了表扬，他说："你的想法是个好主意，我们不妨先来试一试，今天老师邀请大家一起练！"结果，同学们一起动脑，课堂上练得十分欢快。之后的一堂课前，同学们早就在那交流学习资料，在场地上比画开了。

课堂中传统意义上的教师的教和学生的学，将会不断让位于师生的互教互学，师生彼此将形成一个真正的"学习共同体"。在这个共同体当中，学生的教师和教师的学生将不复存在，代之而来的是新的术语：教师式学生和学生式教师。教师不再仅仅去教，而且通过课堂被教；学生在被教的同时，也

---

① 袁冲. 做一个大气的教师：读《走近陶行知》有感 [J]. 江西教育：教学版 (B)，2017 (3).

在教人。他们共同对整个成长负责，从而实现教学相长。

案例中的教师以学生质疑为契机，以练习中的问题为起点，通过师生共同探索，既有效地化解了课堂的尴尬局面和不和谐气氛，又让学生消除了学习的"压抑感"和"神秘感"，形成了自主探究意识与创新精神，在乐学、爱学、善学的自主活动中，发展了学生的潜能，展示了他们的课堂创新能力，这样的体育课堂更活跃、开放，更富有生命力。

同时，我们也应该看到，学生在课堂上提出的质疑和异议，会让教师加强对"自身薄弱环节"的重视。教师应该为能教这样的学生而感到幸运，这样的学生和这样的课堂，将给予教师很好的学习动力，也在一定程度上促进了教师的专业化发展。

比较汗液和尿液的异同①

在生物课上，教师出了一道思考与练习题："有人说汗液与尿液是一样的，你是否同意这一说法？请说明理由。"教师在进行这部分内容的教学设计时，初衷是把该题作为课堂练习，组织学生讨论，以促进学生对知识的理解。可是在实际教学中，同学们对该题的讨论进程及结果，大大出乎教师的预料。

因本题为开放型讨论题，答案可以是两种完全相反的结论。为调动学生参与讨论的热情，有效地组织讨论，教师先将黑板一分为二，分别写出"汗液与尿液一样"和"汗液与尿液不一样"的字样，然后宣布，会将同学们回答出的理由分别逐条列在黑板上，只要言之有理即可。

同学们开始讨论时的焦点集中在是否同意结论上，有同意此说法的，也有反对此说法的，大家都对自己的观点说出了理由。可在由每人阐述理由时，有同学提出不能绝对地说"汗液与尿液一样"或"汗液与尿液不一样"，因为二者有相同点，也有不同点，因此讨论题应改成"比较汗液与尿液的异同"。此观点提出后，得到多数同学的认同。这让教师感到非常惊喜，他也就顺应

---

① 陈桂生. 师道实话 [M]. 上海：华东师范大学出版社，2004.

"民意"，同意将题目改为"比较汗液和尿液的异同"。

教师首先让学生阐述"汗液与尿液相同"的理由，大家的回答集中表现在两个方面：1. 它们都含有代谢废物；2. 它们所含的物质种类大致相同。可有一位同学突然提出"味道相同"，课堂一片哗然，有同学马上站起来笑着说："请问是什么味道呢？"该生理直气壮地说："咸的。"又有同学紧接着质问道："如果你说尝过汗液，我们会相信，难道你还尝过尿液吗？"大家情不自禁地哈哈大笑起来，该生面红耳赤、很为难地说了一声"你才尝过"，紧接着严肃稳重地说："由于二者的组成成分中都含有无机盐，根据我们的生活常识推断，汗液和尿液的味道应该是咸的。"

班上有同学在微微点头肯定他的说法，教师顺势引导学生认识到：有的问题可以运用已有的知识或经验进行分析、推理、判断，或提出假设、设计实验、进一步验证等，从而得出结论。这时，有同学提出：为什么我们平时不容易闻到汗液的味道，却容易闻到尿液的味道呢？许多同学也露出困惑的神色，老师告诉学生："味道"和"气味"是两个不同的概念，"味道"是通过舌进行味觉的辨别，"气味"则是通过鼻辨别的嗅觉，这些知识将在以后学习。同学们恍然大悟。

在上述案例中，教师通过不断发问、引导学生去讨论问题，学生也通过讨论交流去领会其中的异同点，结果学生的认知水平大大出乎教师的预料，教师也受到学生的启发，一步步推进课堂进度，整个课堂气氛活跃，教学效果令人满意。

"教学相长"的教育思想，是中国最宝贵的教育遗产之一。随着时代的发展，这一思想又被赋予新的内涵。信息技术使我们获取知识的手段更便捷，"不出屋而知天下"已不再是传奇。在多媒体环境中长大的学生，甚至比教师知道得更多已不新奇。教师如不加强学习，真的是容易落在学生之后的。许多教师因此真正地提出了"和孩子一同成长""恭恭敬敬地向学生学习"的建议。

不一样的尹老师①

从初中开始，也就是说从稍微成熟一点开始，我就对师生关系持有一种刻板的印象，那就是老师与学生的角色有明确的区别和界限：老师负责教学，学生负责听课并学习，老师与学生掌管不同的事情，从不也不该互相干涉——老师之所以被称为师，就是老师一定比学生正确，所以不需要学生发表自己的见解，因为学生只是学生，负责学就可以了。

高二那年，我们魄力十足、见解惊人的年级主任再次做了一个了不起的决定：把全校排名靠前的学生组成一个特殊的"班级"，配备全校最好的教师资源，除了白天各自上各自班级的课，每天放学后和周六就聚集到空教室里加课。就是在这个特殊的班级，我遇到了一位改变我的刻板印象的语文老师。

这位老师姓尹，我们叫她尹老师。尹老师第一次给我们上课是在放学后。我因为与班主任交流学习情况来晚了一会儿，所以紧张而蹑手蹑脚地靠近那间教室，没想到尹老师正在等我，我惊讶之余有点儿惊喜，连忙和老师点头致歉并坐到同学帮忙占好的座位上。

尹老师着一件素雅的带有传统元素图案的长裙，儒雅温和，文人气质。只见她待我落座后微笑着正过来身子，以一种很优雅的站姿支撑着身体，而后向我们环视一周，鞠了一个度数很大、时间很长的躬。我们对老师这个行为感到震惊，主要是没想到这样一位德高望重的老师会向我们一群懵懂幼稚的学生鞠躬，这位老师是多么有礼貌啊！

老师的开场白用四个字描述大概便是教学相长，她说："每个人都有闪光点，我们不应当是单方面的师生关系，向大家学习也是教学过程中的重要环节。良好的师生关系应当是师生彼此学习，共同成长。"而她在教学中也是这么做的。

尹老师从不给我们公布卷子上阅读题配备的正确答案，所有的题都靠我们自己。简单来说，就是先给我们一些时间仔细阅读全文，再分段思考自己

① 赵师琪. 该案例为齐齐哈尔大学课程与教学论作业.

的想法，而后小组讨论整合一套结论，每个人想法的闪光点都会由自己写在黑板上向全班同学展示，最后老师与我们共同讨论，在互动中得出属于我们的答案。

尹老师说，同学们的智慧是最了不起的。她会与同学们就某一问题的角度交流想法，常常被同学们折服而大声拍手叫好；她会专门把同学们的好想法整理起来，编成一套独立的答案；她会在同学们畅所欲言，甚至互相辩论观点的时候皱着眉头扶着下巴认真倾听、思考，然后与我们一起讨论结论究竟如何。对高三的我们来说，最开心的时刻莫过于上尹老师的语文课，同学们在课上尽情抒发自己的观点，享受思维碰撞的快乐与获得认可的自豪感。

就是这位老师的这些行为，让我对师生关系的理解不再如以往那样浅薄。

在传统的师生关系中，教师负责教书，学生负责学习，这并没有什么问题，但是不能仅仅如此。正如尹老师说的那样："良好的师生关系应当是师生彼此学习，共同成长。"

教和学两方面是相互促进的，学的人通过学习知道自己的不足，教的人也能通过教别人知道自己还有不会的地方，以此进一步钻研。对教师来说，虚心向学生学习不该有什么芥蒂，因为向学生学习有利于弥补自身知识的不足，并能够发散思维，从而使自身得到提升与进步——这是内心与内心的交往，灵魂与灵魂的交往。永远站在山顶顾自骄傲而不下山取衣服穿，终有一天会受寒。

正如笔者很久以前在知乎上看到过的一句话："老师和学生不是猫鼠的天敌关系，而是平等的合作关系。"我们都要努力做到"教学相长"，因为老师的教与学生的学是相互促进的，彼此学习才能共同进步。

能把老师"挂"在黑板上的学生[①]

老师是长者，学生应当尊重老师，但过分的尊重往往会变成恐惧。我非

---

①　张琪雪. 该案例为齐齐哈尔大学课程与教学论作业.

常喜欢的一位老师，对我来说却像学习上的好友，她是我高一时的班主任。她给我的第一印象是严厉，做事情井井有条，很干练。开学第一天她就把所有程序安排得明明白白，一项接着一项，我们既不觉得速度太快，手忙脚乱，也不觉得闲散无聊，没有事干，因此我们班是第一个完成报名，打扫完卫生放学的班级。她身上的那种严厉，以及做事的利落像极了我的妈妈。

我本身其实是一个不爱说话的孩子，也属于不引人关注的学生，但我没想到我的这位班主任一直关注着班里的每一名学生，她能说出班里每个人的表现，学习的状态，包括性格方面，所以在她期中考试后点名表扬我，说我总是很安静，学习也很踏实后，我就觉得她和别的老师不一样，她看到的远比别的老师要细致，所以我也大胆了起来。她教我们数学，数学也正是我最喜欢的学科，所以我经常拿着不会做的数学题去找她，有时候她看一眼就能告诉我解决的方法，有时候我们两个人趴在那儿研究半天也看不出来门道，她就会说我找的题真好，她又多见到了一种题型，等她解出来要给全班好好讲讲。

她还经常在课上鼓励我们提问，越难越好，她曾说："能把老师'挂'在黑板上的学生才是真的把这些学透并且能举一反三的学生。"也就是说能提出老师回答不上来的问题的学生，就是已经掌握得很透彻的学生。就因为她这句话，班里好一段时间上课都热闹极了，课下到处找没见过的难题，自习课上询问老师，希望自己能把老师难住，我们也因此学到了很多别的班学不到的东西，我想我的老师也受益匪浅。

《礼记·学记》曰："学然后知不足，教然后知困。知不足然后能自反也，知困然后能自强也。故曰：教学相长也。"意思就是教和学两方面互相影响和促进，就能都得到提高。自古以来，教师的责任是"教"，学生的责任是"学"，倒也是真的应了这两个称呼，所以在学生眼里教师就应该是天地万物无所不知，无所不晓，为学生答疑解惑的能人。然而，教师只是普通的人，自然万物的秘密、历史发展的规律，这些知识并不是一个人能全部掌握得了的，所以哪怕是已经成为教师的人，也应该继续学习，从日常生活中学习，从不断改进的教材中学习，也要从学生身上学习。

一百个人，就有一百种思维，每个人看待问题的角度不同，就会发现问题的不同层面，进而更好地解决问题，学习知识。所以思维不分年龄，相反，年龄越小的孩子，他的想法也就越不受拘束，越能看到事物不同寻常的一面，所以"教"与"学"是不分年龄的。作为一名老师，若是守着自己那点仅有的知识来教学生，不但会缩小学生的知识面，还会限制学生思维的发散。孔子曾拜七岁小孩为师，只因一次孔子在率诸弟子御车出游时，被在路边玩泥土的一孩童挡住了道。孔子问他为何不避车，他指着自己用泥土堆起的"城墙"答道："只闻车避城，岂闻城避车？"孔子只得绕"城"而过，但觉得这个孩子真是聪明，决定考考他："汝知天下，何火无烟？何水无鱼？何山无石……""萤火无烟。井水无鱼。土山无石……"孔子提了一连串问题，涉及天文地理、伦理道德等各个方面，这个孩子都对答如流。可这个孩子提出一串问题："鹅鸭何以能浮？鸿雁何以能鸣？松柏何以冬青？天上零零有几星？地下碌碌有几屋……"却让孔子一时无言以对，连赞"后生可畏"，遂拜其为师。这个孩子就是春秋时期鲁国的神童项橐。孔子不因孩童难倒自己让自己难堪而愤怒，反而拜其为师，说明他是一位谦虚好学的好老师，值得我们尊敬。

对话意识：教与学可以"双赢"①

巴西教育家保罗·弗莱雷在其著作《被压迫者教育学》中说："没有对话就没有交流，没有对话就没有教育。"他认为，对话作为一种教育原则，从简单意义上讲，强调的是师生的平等交流和知识共建；从深层意义上讲，它挑战我们关于师生关系、知识本质以及学习本质等方面的思维成见与主观认定。"对话"能够转变教学方式，也就能够转化学习方式。

---

① 姒吉霞. 有效教学：避免"一地鸡毛"的琐碎 [J]. 人民教育，2013（22）.

美国哈佛大学教授迈克尔·桑德尔堪称对话式教学的典范。身为政治学教授，他从不讲大道理，而只是讲故事——把学生带入一些具体的"困境"，通过不断提问，启发思考和辩论，而且从来没有标准答案。30多年来，桑德尔始终讲授"关于正义"这门课。然而，即兴对话加辩论的授课方式却让他的每一节课、每一次讲座都独一无二、不可复制。

在桑德尔的教学中，没有任何人的观点是完全正确的，也没有人试图征服或说服其他人，强求别人接受自己的观点。相反，通过"对话"，师生能发现对方或自己身上的问题和错误，从而使每个人都从中受益。这是一种教学"双赢"。显然，"对话式教学"的前提是将教学的参与者视为独立主体，并承认主体之间的平等地位。这是一种追求人性化并富于创造性的教学。

就教学精神而言，中学教学和大学没有本质区别。在具有对话意识的教学中，教师越来越少地传递"死"知识，而越来越多地激励学生思考，把学生从被动学习中拯救出来，使其在对话中生成个性，成为与教师平等合作的对话者。最终通过师生对话、生生对话、人与文本的对话，使学生完成知识的自主构建和精神提升。

应当注意的是，对话式教学充满着不确定的因素。教师必须对即时生成的问题做出准确判断和回应，也要及时将可能扯远了的对话拉回到主题，这就对教师的专业水准和教学机智提出了挑战。中学课堂也未必要像桑德尔教授那样堂堂"对话"，但是可以在适合对话的"主题"或"环节"采用。

十、 教学机智与师德修养

1. 什么是教学机智

教学机智在《教育大辞典》中被定义为"教师面临复杂教学情况所表现的一种敏感、迅速、准确的判断能力"。在课堂教学中，情境瞬息万变，情况错综复杂，随时有可能发生意料不到的各种事件，需要教师正确而迅速地做出判断，并妥善处理，这就要求教师必须具备教学机智这一基本的能力素质。

俄国教育家乌申斯基在《人是教育的对象》一书中阐述了教学机智的重要性："不论教育者怎样研究了教育理论，如果他没有教学机智，他就不可能成为一个优秀的教育实践者。"教师的创造性思维能力表现为在课堂教学中能够富于想象，灵活多变。教师的意志品质突出地表现为自制能力，即善于控制自己的情感、行为，约束自己的动作、言语，抑制无益的激情等。教学机智不仅体现出教师对学生明确、积极的感化作用，而且能够对任何措施适时而巧妙地有节制地执行。

2. 教学机智的特征

教学机智有它本质的特性，如偶发性、及时性、得当性。教学中的问题都是突发性的，不在计划之中，如果教师不能及时、恰当地解决，就很可能使问题陷入僵硬化的程度，影响教学计划的顺利执行，也影响学生的身心发展。教育智慧最能折射出教师学识与道德的完美统一。

教育智慧是优秀教师内在的秉性、学识、情感、精神等个人独具的性格化的东西在特定的情境下向外的喷涌和折射。它常常表现为教师在处理教育情境时的自持、分寸感、敏锐和机智（朱小蔓，2009）。教师只有教学机智是远远不够的，还必须有一颗热爱学生的心。

马克斯·范梅南认为：教学机智和教育智慧的核心是指向儿童的关心品质的，没有关心就没有真正的教学机智、教育智慧。处在学习过程中的学生就像一杯没倒满的水。通常老师们只看到"一半是空的"，却总是看不到"一半是满的"。前者否定，后者肯定，哪一种会对学生产生激励作用呢？当然是后者。如果教师只是简单地呵斥、否定学生，整堂课就会死气沉沉，运用教师的实践性智慧"化干戈为玉帛"，才能使课堂顺利地进行下去。

能够培训与模仿的是工匠性的技能技巧，智慧是不可复制的，是难以训练出来的。要成长为一个真正智慧型的教师，除了接受职业培训外，更需要个体长期不懈地进行自我精神修养，如：对个人阅历、生活经历与职业经历的体悟与反思，对人际的洞察与敏感，在读书写作与教书育人中不断充实、丰满、滋养德行。

3. 形成教学机智的因素

形成教学机智的因素很多，但真诚是其核心基础。

第一：教师要热爱生活，真心真意地热爱自己的事业，真诚真挚地热爱学生，善于观察学生的特点与变化。

一个教师只有爱学生，才会看到学生的可爱之处，出现问题后，才会以一种和谐的方式解决，从而促进学生的发展。

第二，教师要有较强的职业技能和丰富的教学经验。经验丰富的教师更能在教学活动中发现学生的问题，灵活巧妙地解决问题。

第三，教师应当具备良好的心理素质。如果在面临突发事件时，老师能沉着冷静地思考处理问题的方式，就能使问题得到妥善解决。教师具有教学机智，掌握教育艺术，是进行有效教学的基本途径。教师的教学机智不是靠天赋得来的，而是在教学实践中获得的经验与理论的结合。

4. 运用教学机智时应把握的教育原则

在运用教学机智时应把握一定的教育原则，以保证有效教学的顺利进行。

第一，当问题出现时，教师应引导学生向着正确的方向前进，循循善诱，将其不足之处改正过来。

第二，要挖掘学生心中积极的本质。

第三，要建立在爱学生，促进学生发展，实施有效教学原则的基础上。

5. 教学机智的作用

教学机智的作用在于它是进行有效教学的有利条件。一方面，教师通过教学机智灵活地处理教学中的各种事件，在无形中能建立良好的师生关系。良好师生关系的建立，既能增强学生学习的积极性与兴趣，又能提升教师的教学效果，以保证教学计划的高质量完成。另一方面，教师运用教学机智解决各种突发事件，能使不利条件化为有利条件，恰当的一句话，一个动作，就能保证教学计划的顺利进行，学生在情境化的教学中更能形成有效学习。

迈克尔·富兰在《变革的力量》一书中强调，教学情境的不确定性，教学对象的复杂性和差异性，教学决策的不可预见性和不可复制性，这些特点决定了教师这个职业需要一种实践智慧，需要现场观察、临场决断和随机应变的能力，但是这种智慧、这些能力的获得仅靠阅读一般的教育规则、原理和方法是远远不够的，教育者还需要结合典型的案例情境，深入其中去体味、展开开放式的讨论，设身处地进行感悟。

事例点击

有效教学与师德修养①

特级教师贾志敏老师在上《程门立雪》这一课时，让学生给生字组词。一位学生站起来给"尊"字组词："尊，遵守。"同学们顿时哄堂大笑。"他并没有错，他还没把话说完呢！"贾老师神情自若，微笑地望着那位学生："遵守的遵，去掉……"那位学生立即领悟过来："遵守的遵去掉走字底，就是尊敬的尊。""你们刚才笑得太早啦！"课堂上爆发出一阵热烈的掌声，听课的老师不禁为执教老师高超的教学艺术叫好！

有位教育专家认为："所有难教育的孩子，都是失去自尊的孩子；所有好教育的孩子，都是具有强烈自尊心的孩子。教育者就是要千方百计地去保护孩子最宝贵的东西——自尊心。"从上述案例中我们不难看出，回答问题的孩子的确把问题答错了，贾志敏老师却不慌不忙，神态自若地说："他并没有错，他还没把话说完呢！"他给学生留足了面子，给了孩子宝贵的自尊，接着给了孩子一个台阶"遵守的遵，去掉……"孩子马上醒悟："遵守的遵去掉走字底，就是尊敬的尊。""你们刚才笑得太早啦！"课堂上爆发出一阵热烈的掌声。问题解决了，既节省了时间，提高了课堂的效率，又保护了孩子的自尊。贾志敏老师为"教学机智"的内涵做了很好的注解。

---

① 李长娟. 有效教学与师德修养 [M]. 北京：世界图书出版公司，2009.

语文教育家贾志敏老师在处理这个事件中表现出了十分理解学生的行为，充满浓浓的人情味，充满对人的理解和尊重。这正是优秀教师在对待学生时表现出的品质，贾老师的心与学生贴得很近，他的眼睛能看到学生的内心世界，所以他能走进学生的精神世界，欣赏学生并尽力满足学生精神成长的需要。

在与学生相处的具体情境中，一个机智的教师知道如何从更深层的意义上理解学生的心理。机智具有道德直觉的特征，一个机智的教师瞬间就能知道做什么是合适的、正确的或好的，而这样的能力又是建立在对孩子个性和环境的教育理解基础上的。①

某老师在上课时发现有几名学生上课不注意听讲，总是在书本上或者是在课桌上乱涂乱画。但是，老师并没有指责他们，而是提出了成立板报小组的想法，决定由这几个爱乱涂乱画的同学组成小组，负责班级的板报、宣传报的设计与制作。

案例中的老师发现了贪玩孩子身上的闪光点，看到了他们对艺术的兴趣，于是成立板报小组，改掉了学生的毛病，同时促进了学生身心的和谐发展。教学机智是教师成功地处理教学中意外事件的特殊能力，它是建立在教师观察和了解学生基础上的，它是观察的敏锐性、思维的灵活性和意志的果断性三位一体的独特结合。教师应努力做到具有准确、深刻、细致、敏锐的观察力，以便在课堂教学中做到"因材施教""有的放矢"。

"这是我故意写错的"

我在家乡的一所小学听课时，有个老师板书时出现了错别字，学生指出后，老师却面不改色地说："这是我故意写错的，就想看看同学们能不能发现"。

要知道，这些要小聪明的伎俩不是教学机智的表现。其实教师承认自己不是万能的，这并不会让学生蔑视你。只要你是真诚的，有点瑕疵，倒更真实、可爱。教学机智强调的是教师在不断变化的教育情境中随机应变的能力

---

① 马克斯·范梅南. 教育敏感性和教师行动中的实践性知识 [J]. 北京大学教育评论，2008 (01)：2-19.

与妥善解决突发事件的能力。这"随机应变"不是圆滑和世故，不是小聪明和小花招，而是根植于教师爱学生、懂童心，真诚包容的博大心胸与智者仁爱的情怀中。有的教师为了"面子"，硬是装成自己具备教学机智的样子是不可取的。因为真正的教学机智不是"术"而是"道"。

我爱每一片绿叶①

田立君

我教高一（1）班时，发现有一名男生学习刻苦，做事认真，课堂尤其爱举手发言，但由于他的动作、声音有点女性化，便遭到一些同学的嘲弄，给他起了个"小李子"的外号，有个男生还故意把"子"音拖长，模仿太监的细声细气。

有一次这名男生回答问题之后，那个男生故伎重演，教室里顿时笑成一片。我当时甚是恼火，正要发作，猛然间瞥见了窗前那棵枝繁叶茂的大树，灵感即发。我没有直接批评做恶作剧的那个男生（给他留个面子，也避免那个遭到讥笑的男孩子过于尴尬），只是用目光"钉"住他，若有所思，缓缓地但又是不怒自威地说道："世间没有一片树叶是相同的，不同的树叶组成千姿百态的树。每一棵树都有它存活的理由，每一片树叶都有它生长的权利，我爱每一片绿叶！"

教室里静极了，我甚至听到了自己心跳的声音。一阵沉默之后，课堂上爆发出热烈的掌声。

那个出怪声讥笑他人的男孩子低下头，脸像透明的红萝卜（他平时素以起外号嘲弄人而"著名"，自称"嬉皮士"）。一切又归于平静。那天上午，教室里始终弥漫着一种无法用语言说清的氛围，空气中流动着暖暖的情愫。下课后，几个学生来到窗前，凝视着高大的杨树，久久没有离去。

当天午休后，我又单独找了几个学生谈话，讲了发生在美国一所学校里

---

① 这是田立君老师在高中教书时发生在课堂上的一个真实的故事。时间是 1998 年初夏。

的"小红帽"的故事。我告诉学生，在美国印第安纳州，有一个叫苏珊的 10 岁的小女孩不幸得了白血病，化疗夺去了她美丽的金发。就在她准备回校上学前的一个星期，她的老师朱莉安女士得知了这一消息。她不动声色地对全班学生说："下周我们准备去帽子厂参观，我们的劳动实践课是学习帽子的制作过程，明天就请同学们把你们五颜六色、各式各样的帽子戴上，上课也不必摘，要是有小红帽，那就更漂亮了……"当苏珊怯怯地推开教室的门时，她下意识地摸了摸自己的小红帽，抬起头来却惊呆了：同学们都戴着一顶帽子，而她的朱莉安老师居然也戴着一顶红帽子，还有些歪斜，像个调皮的小孩子站在讲台前向她微笑。"……没有人会知道我没有头发了。"苏珊的脚步一下子轻松了，她像从前一样一步三跳式地来到自己的座位上。

我是想通过这个故事，渗透理解差异，告诉同学们要承认差别，尊重他人。

两年后，这两名男生都如愿考取了南方的两所重点大学。

1998 年教师节前夕，我接到了本市电视台的电话，让我注意收听 9 月 9 日晚 8 时 10 分的"温馨祝福"点歌节目。

"亲爱的田老师，在这个特别的日子里，您永远的每一片绿叶为您点播《好大一棵树》……"

倏地，热泪涌满了我的眼眶，孙悦的歌声化作片片绿叶在我的眼前飘舞，叶脉如此清晰，隐隐地散发着清香。

"无痕迹教育"就是，你越让学生感觉到你不是在教育他，教育的效果往往越好。有效的教育是把教育目的隐藏起来的教育，是不动声色的教育。"无痕迹教育"是教育的最高境界，是尊重的教育，是没有教育的教育，是真正的心灵教育、爱的教育。

朱小蔓在《在职场中成长为智慧型教师》一书中阐述道：教育智慧是什么？它不是工匠性的技能、技巧，不是追求外在的模仿可以学得的。教师可能事先无计划、没有预见，也不一定有规则和程序，但在特定的瞬间所表现出来的行为却是规范的、适宜的、流畅的、合理的。这是为什么呢？这是因为称得上教学机智的东西集中了教育品性的精华，教育智慧就是这一宝贵精华的自然流淌。李镇西老师在他的《与青春同行》一书中深情地写道："是的，教育需要方法，需要技巧，需要智慧。一句话，教育需要机智，但教育绝不仅仅是技术层面的事，它首先是一种'心心相印的活动'。教学机智之树必须根植于尊重学生的沃土才会枝繁叶茂。唯有拥有心灵对心灵的尊重，才会有明察秋毫的教育敏感、情不自禁的教育本能和化险为夷的教育智慧。于是，教育者所期待的'最佳教育时机'将随处可见，并且常常不期而遇。"①

镜头1：在一堂英语课上，英语老师在讲"母鸡"一词时，有一名学生用怪语调问老师有没有公鸡啊，班级顿时哄堂大笑。老师不仅没有批评这名学生，反而对这名学生提出表扬，表扬这个问题他提得好，接着老师给大家讲了公鸡这个词，还讲了小鸡这个词。在讲完单词后，老师又讲了英语发音中的语调问题，说这名学生刚才提问的语调不正确。

镜头2：有两名学生因为吵架不愿进教室，这时将要上课的数学老师走过来，知道了这个事情，老师便说："我拿的教具很沉，你们两个帮老师拿进班级吧！"那两名学生便帮老师把教具拿进教室。上课时，老师当着全班同学的面表扬了这两名学生，大家给予他们热烈的掌声。他们羞愧地低下了头，而后互相看了一下对方，笑了。

镜头1中的老师，恰到好处地运用了教学机智，既没有影响教学计划的顺利进行，又给同学们设计了教学情景，增添了新知识内容。这个老师的做法体现了教学机智中的情感原则，有效教学得到实现。

镜头2中的老师巧妙地解决了这个突发事件。这个老师的做法也体现了教学机智中的情感原则，"当问题出现时，教师应引导学生向着正确的方向前进。循循善诱，将其不足之处改正过来"。教师的这种能力应是建立在教师真诚地热爱学生的基础上的。

一位教师在教学拼音时，为了让学生分辨"u"和"ü"，便打了一个比方："小金鱼（ü）头上长了两只大眼睛，挖掉了两只眼睛呢，就不再是小金

---

① 李镇西．与青春同行［M］．北京：高等教育出版社，2005：65．

鱼了。"有个同学在下面窃窃私语："挖掉眼睛，多残忍呀。"这时老师机敏地说道："这只小金鱼呀是变形金刚，挖掉了眼睛呢，就变成乌（u）鸦了。"他的话赢得了课堂上一阵轻松的笑声，教学也得以顺利进行。

应该说，这位教师运用教学机智来化解课堂上的意外"问题"是巧妙而有效的，但这名学生提出的不是"知性"问题，而是"德性"问题，教师关心的焦点显然只是在知识的传授上，把学生中表现出的"德性"问题"巧妙"地转移到"知性"问题上，却没有抓住教育时机对学生德性进行发掘和培育。

现象学教育学的代表人物马克斯·范梅南认为：教学机智和教育智慧的核心是指向儿童的关心品质的，没有关心就没有真正的教学机智、教育智慧。在狭隘的教育目标的指导下，运用教学机智只能解决当下问题，却无意把课堂上的教学事件作为教学资源，因而也就不能对这种"意外"的资源加以充分利用与适时转化，这样的教学机智是令人遗憾的。

"失误"也能焕发力量

《班主任》杂志上报道过这样一个事例：

班上有两个男生，一个叫刘治，一个叫刘冶，两个孩子的名字虽然只有一点之差，学习、生活上的表现却有天壤之别。刘冶学习刻苦，成绩名列前茅，乐于助人，深受同学和老师的好评。刘治却是典型的淘气包，学习成绩总拖班级后腿。老师经常感叹：名字差一点，怎么竟会差别那么大！

期中考试后，班里要进行表彰奖励，班主任老师做了精心准备。第二天班会上，班主任大声地向全班同学宣读获奖者名单："获得助人为乐标兵的是——"班主任老师突然发现，奖状上写的是刘治。由于老师的疏忽，多写了"一点"，而眼前的情况却要求老师必须当机立断：是承认错误，还是顺水推舟？老师犹豫片刻，还是洪亮地念出了刘治的名字。同学们愣了片刻，马上爆发出热烈的掌声，那是所有获奖同学中获得的最响亮的掌声。那一刻，刘治的眼中含着泪花，在同学的掌声和注视中用颤抖的手接过奖状。目睹这一幕的老师庆幸自己有了这样的失误。最后，她宣布：刘治同学将得到的是一份更加特殊的奖励——他将参加全校举行的表彰大会。

班会后，刘治小心翼翼地问班主任："老师，你是不是把我和刘冶弄错了，这个奖励是我的吗?"老师心里一惊，看似大大咧咧的刘治这么心细，说明他是非常在乎这个奖励的，决不能让他刚刚建立起来的自信心瞬间崩溃。班主任马上肯定了他，并且说了他的很多优点，表扬了他一番，刘治的脸上露出了真诚的微笑和坚定的神情。

这一小小的失误却带给了刘治全新的变化。原来那个调皮捣蛋，让老师家长头痛的刘治渐渐消失了，一个努力进取的刘治正在不断赢得和刘冶一样的赞赏。

教师总会面临挑战，这些挑战可能来自外部，也可能来自教育者和被教育者，可能是好奇却远离目的的提问，也可能是非善意的挑衅，或是扰乱课程秩序的种种行为，这些事件都可能造成尴尬的局面，影响教学计划的顺利进行。在这种情况下，如果教师能用一句话、一个动作，变不利条件为有利条件，就能促进教学的顺利进行，取得更为理想的教育效果。"一个富有机智的教师是具有敏感性的教师，能够从手势、举止、表情和身体语言等间接方面理解儿童内在的思想、感情和渴望"①。

教师的这种教学机智也许会在潜移默化中影响学生的一生，给学生留下更多的人品、思想中的教育。成功运用教学机智不是一句话那么简单，需要建立在教师爱学生又具有丰富经验的基础上，需要教师能够面对突如其来的事件冷静、果断、灵活地处理好问题。一个成功的教师要付出很多的心血才能把课讲好，才能把学生培养成心智健全的和谐发展的人。这样的教师必须具备较强的心理品质、职业技能与丰富的经验以及灵活、开放处理问题的思想等更多的优秀品质。

---

① 马克斯·范梅南. 教育敏感性和教师行动中的实践性知识 [J]. 北京大学教育评论，2008 (01)：2-19.

教育不能只剩"成功哲学"①

范秋明

那是在一次面试中，我问一个想进入我校就读的女孩子：你是否获过市级"三好学生"之类的奖励？女孩子很腼腆，迟疑了一会儿，答不出来。她的妈妈在旁边有点急了，连忙对我说："校长，我家孩子很优秀，这些奖项是获过的。"我看着那个女孩子，女孩子没说什么，我也没有接着问什么，点点头，也就算过了。后来，那个女孩子在校园里遇上我时说，她自己其实从来没获过奖的。我表扬了她的诚实。

类似的现象常常遇见，除了感叹中国式教育的急功近利之外，似乎早已见怪不怪了。偶尔读王栋生老师的文章，看到他也写到了相似的事例，不免深思起来。王老师写的是在一次北大、清华"实名推荐"的招生面试中，孩子们角逐入学名额、患得患失、不敢真诚表现自己的种种现象。王老师有一些犀利的分析，但他的一句感慨，倒是直接击中了我的内心：

因为是这样一场角逐，学生也就无法"大气"起来。我一直期待能有个学生"不在乎"，上得台来能说"北大、清华赏的这20分我不要了，九万里鲲鹏展翅，兄弟我远走高飞了"，或哪位上台就潇洒地说"再见，恕姐姐不陪你们玩了，祝你们天天开心"……

这句话之所以撼动我，是因为这种参加国内一流大学面试选拔的场面，我也常常遇见，却没有王老师这么透彻洞达的感想，没有他这么开阔的教育视野和精神空间。我甚至开始反思自己，是不是我在不知不觉间也开始耳濡目染急功近利了？

不管怎么说，所谓"成功哲学"这种现象还在身边上演。我们不能责怪孩子们的患得患失乃至急功近利，我们必须反思我们的家庭教育、学校教育

---

① 范秋明. 教育不能只剩"成功哲学"[J]. 人民教育，2014（23）.

中弥漫的功利主义气息和不断催促孩子们投入竞争、获取成功的那种哲学。我曾说过，我们的教育如果还剩下一种哲学，那就是所谓"成功的哲学"。

这种成功哲学是老师在课堂上"提高一分，超越千人"的高考动员，是每一次月考、周考之后的排名和老师们的点评，是家长"望子成龙"的催促与压力。有一次，我校一位优秀毕业生给我送来一份他创办的青年协会的宣传册，打开一看，里面赫然写着："在这样一个竞争的年代，我们甘心被人们踩在脚底下吗？我们会选择屈服吗？不！"接下来还写道，他们将效法美国"兄弟会"之类的机构，结交大量的优秀青年，做大事，成大业，成为成功者和优秀者等等，口气很大，有一种超越常人、藐视大众，自认为非常卓越的骄傲感。

青年人原该自信自强、豪气万千，但这样一份宣传册拿在手里，我总觉得不大对头，总觉得那股狂妄的口气里似乎少了一点什么。是的，在横溢而出的竞争意识、成功意识、卓越意识的背后，似乎少了那么一点点对于他人的同情，对于这个世界的体认与爱惜，似乎少了那么一点点人文精神的淳厚与优雅，少了一种更为开阔的生命气象。

十一、　鼓励质疑与师德修养

"质疑"一词在《辞海》中的解释是"提出疑问，请人解答"。为什么要强调教师鼓励学生质疑、鼓励学生提出疑问？质疑与创造性的关系是什么？教师如何让学生愿意提问题、会提问题、会自己动脑筋？怎样发挥学生的主动性并鼓励个性？教师如何在学科教学中通过鼓励学生质疑，发展学生的想象力、创造力及其对学问的兴趣？这些问题是本节探讨的核心。

问题是科学研究的出发点，是开启任何一扇科学之门的钥匙。没有问题就不会有解释问题和解决问题的思想、方法和知识，所以说，问题是思想方法、知识积累和发展的逻辑力量，是生长新思想、新方法、新知识的种子。学生学习同样必须重视问题的作用。杨振宁曾经说过，中国学生的基础知识比较扎实，但不会提出问题，到了实验室，提不出问题来。这是我国中小学乃至大学课堂上的一种普遍现象。

现代教学论研究指出，从本质上讲，感知不是学习产生的根本原因（尽管学生学习是需要感知的），产生学习的根本原因是问题。没有问题也就难以诱发和激发求知欲，没有问题，感觉不到问题的存在，学生也就不会去深入思考，学习也就只是表层和形式的。所以新课程要求的学习方式特别强调问题在学习活动中的重要性。一方面强调通过问题来进行学习，把问题看作学习的动力、起点和贯穿学习过程中的主线；另一方面通过学习来生成问题，把学习过程看成发现问题、提出问题、分析问题和解决问题的过程。

问题意识的形成和培养很重要。问题意识是指问题成为学生感知和思维的对象，从而在学生心里造成一种悬而未决但又必须解决的求知状态。问题意识会激发学生强烈的学习愿望，从而促使其高度集中注意力，积极主动地投入学习中；问题意识还可以激发学生勇于探索、创造和追求真理的科学精神。没有强烈的问题意识，就不可能激发学生认识的冲动性和思维的活跃性，更不可能激发学生的求异思维和创造思维。总之，问题意识是学生进行学习的重要心理因素。

爱因斯坦说："我竭力告诫自己要蔑视权威，命运却使我成了权威。"蔑视权威就是不认同权威。要想成为某个领域的权威，就必须不认同上一位权威，蔑视他，这样你才能获得成为新权威的基本资格。上学的过程应该是了解权威，不理解权威的过程，这样才能在你毕业后否定权威，进而成为新的权威。如果上学变成了一个了解权威、认同权威、迷信权威的过程，这个学就上砸了。[①]《爱因斯坦论文集》中记载了爱因斯坦说过的这样一段话："时间和空间的问题对许多人来说都是清楚的，但我却一直没有弄明白。"这绝不是因为愚蠢，对于一个13岁就能研读康德的《纯粹理性批判》的人来说，这只

---

① 郑渊洁. 不理解万岁 [J]. 青年文摘，2006（7）：绿版.

是意味着他对牛顿时空观有自己不同的独特的看法,这也可以很好地解释为什么正是爱因斯坦而不是别的什么人创立了相对论。也正是由于这个因素,许多学者才说提出问题比解决问题更重要。

学生能够提问对学生来说就是一种进步,提问的作用是显而易见的。那么教师应该如何激励学生积极地提问呢?

事例点击

1. 鼓励学生向教材质疑

鼓励学生敢于向教材挑战①

张国宏

我教小学语文第五册《小摄影师》一课时,有一位学生对课文提出疑问:"〗老师,课文主要讲的是高尔基,我觉得题目是'小摄影师'不恰当。"我觉得这名同学说得很有道理,并对这名同学不迷信权威、大胆质疑的精神给予了充分肯定和赞扬,并借此让同学们重新给课文拟一个题目。于是,学生们争着给课文拟题目。有的说应该是"高尔基",有的说应该是"高尔基关心、爱护少年儿童",有的说应该是"小摄影师与高尔基"……最后经过讨论,一致认为"高尔基与小摄影师"最恰当。

没想到这时候又有学生提出疑问:"老师,'摄影师'的'师'是对擅长某种技术的人的称呼。小男孩是个学生,只是会照相,不能称他'小摄影师'。因为我也会照相,可我不是小摄影师。"这真让我惊讶了,想不到学生"疑"个没完,而且"疑"得很有道理。整篇课文只有题目是"小摄影师",而正文中一直称呼其为"小男孩"。我也来了兴致:"××同学说得很有道理,一般会照相的人不能被称为摄影师。那到底给课文拟个什么题目最合适呢?"

① 中华人民共和国教育部基础教育司. 素质教育案例精选:教学类 [M]. 北京:中华工商联合出版社,2002.

学生又议论开了，有的说"高尔基与小男孩"，有的说"高尔基与照相的小男孩"。这时又有同学起来反驳："题目上用'小男孩'没有礼貌，如果给小男孩起个名字就好了。"真是一发不可收拾了。这时候下课铃响了，我把这个问题留给学生："外国人的名字与我们的名字可不一样。请同学们去查一查、问一问，看看谁能给课文拟一个最恰当的题目。"

后来学生为课文拟了好多题目。不管题目怎样，我觉得它比"最恰当的题目"有更深的意义——那就是培养了学生不唯书、不唯上、不迷信、不盲从的大胆质疑、敢于创新的精神。

"真理诞生于100个问号之后。"这句格言本身就是一条真理。学习贵在质疑，创造也贵在质疑。质疑是开动脑筋、独立思考的结果，质疑是培养创造精神，训练创造思维的有效方法。敢于质疑难在勇气，教师要以饱满的热情鼓励和保护学生的质疑精神。每个学生都有发现真理的可能与机会。只要学生拥有一双敏锐的眼睛，一个善于思考的头脑，敢于坚持真理的勇气和原则，他们就能很轻易地发现真理的存在。

2. 鼓励师生、生生相互质疑

教《两个铁球同时着地》的反思[①]
卢惠明

我在教《两个地球同时着地》这篇小学语文课文时，为了激励学生像伽利略那样质疑解疑，我这样发问："你们能不能学习伽利略，做伽利略?"

"能。"学生异口同声地说。我接着发问："同学们能不能谈谈应该怎样学习伽利略，做伽利略?"

思考了片刻，学生何婷蓦地站起来说："既要像老师您常说的那样，不唯师是听，唯课本是从，敢于向权威挑战，又要像伽利略那样，学会创新性地提出疑难问题，并学会创新性地解决疑难问题。"教室里想起了热烈的掌声。

---

① 中华人民共和国教育部基础教育司. 2006素质教育案例精选：教学类［M］. 北京：中华工商联合出版社，2002.

接着何婷把她平时预习时发现的语文中有毛病的句子提出来，并发表了修改意见，让老师和同学评议。她说："课文中'伽利略带着这个疑问反复做了许多次试验，结果都证明亚里士多德的这句话的确说错了'这个句子，'反复'与'许多次'，都表示试验的次数多，意思重复，应删去其中一个。老师，您认为我说得对吗？"我一愣：哎呀，你怎么提这个意想不到的问题？我便引导同学们一起讨论："大家的看法呢？"

话音刚落，学生便纷纷发表意见。有的赞同何婷的看法，有的却说："'反复'是从不同的方面、不同的角度，用不同的方式做试验，做了一回又一回；'许多次'是指每回试验做了一次又一次，意思不重复。"两种矛盾的意见争执了好久，都下不了结论。这时，何婷忽然转过话题问我："老师，这两种意见，哪个正确？"她一下把问题推到了我身上。我想：说何婷的意见正确吧，这篇课文入编教材好几年了，已经过编者或专家的反复审核。说何婷的看法错误吧，这两个词从词义上来说，确实重复呀！想到这里，我首先肯定了何婷敢于提出质疑，像伽利略那样有创新精神，并夸她是班上的"伽利略"，同时回答道：因为句子用"反复"和"许多次"是为了体现伽利略试验严格要求、一丝不苟、实事求是的科学态度，是一种强调的写法，意思不算重复。当然，老师的看法也不一定对，希望同学们查查字典，或问问其他老师、同学，还可以写信问问教材的编辑或参加作文竞赛验证看法正误。

何婷不信服，课后和其他同学一起查《新华字典》，发现"反复"是指"重复"，"重复"即是"次数多"；"许多"是指"很多"，"许多次"就是"很多次"。她感到这两个词在课文中单独表示也好，一起表示也好，连同上面说的"做了一回又一回""一次又一次"说到底都是表示实验的次数多。两词合用，意思就重复了。删去其中一个，意思照样突出。

何婷把上述过程写成《我的看法对吗》一文，投寄到中国教育报刊社，参加了"星园杯创新大家谈"征文竞赛，并请求编委叔叔在报上解答上述疑难问题，结果这篇习作获得了优秀奖和入编《"星园杯"创新教育文集》一书的资格。

学问学问，学自问始，疑为学先。学贵有疑，疑而生问，多问多得，少问少得，不问不得。学习之所以必要，是因为有不懂的问题。学习的过程就是发现问题、提出问题、钻研问题和解决问题的过程。而问题的发现和提出，首先是学生自己的事，是老师或其他人不能取代的。面对诸多看似平常的现象，如果教师善于创设问题情境，鼓励学生"多问几个为什么"，学生的思维就会从疑问中得到深化，这就是"用进废退"。

质疑和解疑的过程是师生思维训练的过程。培养质疑的习惯，将受用终生。理想的教师答疑应当是思想、是逻辑，是理论的厚重，是知识的丰富，是广博学识中闪现机智，辩证中彰显幽默的过程。

变革和创新往往从质疑开始。创造力十分尊重肯思考、有主见的人，更看重能坚持正确己见的人。我常想，教师如果让学生中的"杠人"一直忧下去，中国可能就成了牛顿的故乡和爱因斯坦的故乡了。

3. 教师要善于选择答疑的契机

孔子的"不愤不启，不悱不发"表明：学生无问题，教师不讲；学生有问题，教师也不要急于讲；学生到了"愤悱"状态，教师才应答疑。

从教圆的对称轴想到的[①]

姚艳田

"老师，刚才我是沿着圆的直径对折的，我发现两边能完全重合，所以我认为圆的对称轴也可以说是圆的直径。"

"你的观点有问题，对称轴指的是直线，而直径是一条线段，所以我认为圆的对称轴准确地说是直径所在的直线。"那位同学还没有坐稳，立即有人给予指正，我和同学们都连连点头。

"我认为也可以用书上的图示说明这个问题。"随着这位同学的提示，同学们都自动翻到那页，"请看，圆的对称轴在圆里是实线，在圆外是虚线，我

---

①　富凯宁. 今日做教师（二）[M]. 北京：同心出版社，2001.

觉得这是为了比较后说明直径与圆的对称轴关系，那就是圆的对称轴是直径所在的直线。"我立即向他投出赞许的目光——这才是会读书、读懂书。

　　随着问题的解答，教室内安静了下来。略停了片刻，我正要小结学生的自学情况，一位同学却略微迟疑了一下，站了起来，说："我想这个观点也可以这样说——通过圆心的直线是圆的对称轴。"于是同学们又积极思考起来，有的在低头琢磨，有的在本子上试着验证，有的同桌在讨论……过了一会儿，绝大多数同学都表示同意他的观点。这时，一位同学欣喜若狂地站了起来，指着自己用铅笔串着的圆说："把铅笔看作通过圆心的直线，它就是圆的对称轴。""我想给他那个观点加个条件，即在同一个平面内，大概就成立了。"另一位同学回应道。我和同学们立刻为他们鼓掌叫好。

　　以下是这位老师的反思：

　　上面是我在教学圆的认识时，同学们自学圆的对称轴部分的一个片段。关于如何培养学生的创新意识，使之将来逐步成为具有创新能力的人才，我结合自己的教学实际，谈些粗浅体会。

　　首先，创设一个良好的课堂氛围，激发创新欲望。营造一种和谐、生动、活泼的课堂氛围，师生之间、学生之间形成一种民主、平等、理解、尊重、关注和赏识的人际关系，使学生在这种宽松的支持性课堂氛围中，身心愉悦，形成健康积极向上的精神状态，学生的思维就会非常敏捷。这样，他们才能积极主动地去学习，去探索，去创造，创新的火花才能迸发出来。同学们在这种课堂氛围中，消除了畏惧心理，感受到学习是一种快乐，敢于发表自己独到的见解，敢于尝试和承受成功与失败。他们相互信任，相互合作，相互支持，他们在信息的传递和感情的交流中，思维产生了碰撞，大大拓宽了思维空间，集体的智慧便成了个人创新的源泉。只有这样，他们富于创造和想象的翅膀才能展开，才能迸发出灵感。同学们能够把点在圆心的铅笔看作通过圆心的一条直线，不就是联想的展开、灵感的迸发吗？

　　其次，在教学中，应当努力捕捉思维火花中创新的苗头和价值，及时、准确地给予其肯定和激励，一个点头，一束目光，一句话语，都是极好的鼓励，都能充分发挥感情对创新意识的催化作用。学生创新的热情和意识不断增强，将会激发他们的创新欲望。

4．鼓励学生向老师质疑

老师就一定对吗？①

还记得我上小学四年级的时候，我们学习了《海底世界》这一课，老师激动地讲道："文中把花比作珊瑚……"我觉得老师说得不对，周围其他同学也小声嘟囔着说不对，所以我举手站了起来大声地说："老师应该是把珊瑚比作花。"只见当时老师脸就红了，瞪了我一眼说："老师说得对还是你说得对啊！"我又重复了一遍，周围同学们也跟着附和说老师不对。老师一拍桌子瞪着眼说："你是老师还是我是老师啊，这节课你站着吧，以后谁再像她这样我就让他出去站着！"当时我的眼泪就在眼里打转，其他同学也都不敢吱声了。从那节课开始我就不喜欢上语文课了。

孔子都说"知之为知之，不知为不知"，错就是错了，知错就改不就好了吗？老师怎么了？老师就一定对吗？

童话大王郑渊洁在《不理解万岁》中阐述了这样一种观点：上学的过程应该是了解权威，不理解权威的过程，这样才能在你毕业后否定权威，进而成为新的权威。如果上学变成了一个了解权威、认同权威、迷信权威的过程，这个学就上砸了。我以为老师在每次上课前，应该对学生发出告知："我今天讲的可能是对的，也可能是错的。如果我讲的都是对的，人类就走到终点了，就是末日了，就没必要办学校了。人类对自然的认识还处于初级阶段，远远没有走到尽头。你们学习这堂课的真正目的，是知道它，然后不理解它，最终推翻它，如果你们以为学习这堂课的目的是拿文凭，我的课就白讲了。"

斯霞老师曾说："不能因为学生问得幼稚而不予回答，不能因为学生问得离奇而随便搪塞，更不能因为自己工作忙而责怪学生多嘴，要鼓励学生探索

---

① 该案例为齐齐哈尔大学学生作业．

好问的精神。"一本关于爱迪生的书中谈到这样一个例子：爱迪生有一次问老师 1＋1 为什么不等于 1，他的理由是两根蜡烛可以熔为一根，结果老师以为他故意捣乱而把他轰出教室。罗巴切夫斯基上学时，当他的老师在黑板上画了两条平行线讲授两条平行线永不相交的欧几里得几何第五公设时，他曾站起来问道："老师，线画得长一些会不会相交？"老师不得已，只好将平行线延伸到了黑板边沿。"再长一点呢？"老师又把线延伸到墙角。结果，罗巴切夫斯基也被老师轰出了教室，在那种情况下，罗巴切夫斯基的行为似乎显得十分愚蠢。但正是他日后创立了非欧几何，而且在罗氏的非欧几何中，两条平行线在曲面中是可以相交的。[①]

5. 教师应通过鼓励学生质疑，培养学生的想象力、创造力以及对学问的兴趣

不会提问的学生不是好学生[②]

成静静

记得一本杂志上曾记载过这样一篇令人深思的文章，××小学二年级的一名女学生在语文课上大胆举手向老师提出这样一个问题："老师，泼水节是傣族人民的重大节日，那我们汉族怎么没有啊！为什么分傣族、汉族呢？是不是……"没等她说完，老师那强有力的话语就使这张满怀疑虑、寻求答案的笑脸霎时黯淡了。"你问那么多干什么？知道傣族人民过泼水节就行了！你呀，上课废话特别多，看××同学纪律多好呀！不像你似的……"多么令人惋惜、痛心呀！难道我们的教育就是要培养不言不语、不提问、百般顺从的小绵羊吗？不，我们的教育培养的是生动活泼、勤思好问的创新性人才！小绵羊似的不会提问的学生不是好学生。

好学生会提问，有疑可问；差学生不会提问，无疑也不问。为了使学生

---

① 涂琴. 为什么我们的学生很少提问. http://www.nc14zcom.cn.
② 中华人民共和国教育部基础教育司. 素质教育案例精选：教学类 [M]. 北京中华工商联合出版社，2002.

会提问，我在教育教学中采用了多种方法鼓励学生大胆质疑。针对学生的年龄特点，在班中设立了"问题大王"的评选，在奖状中加入了"问题明星奖"，板报中设立了"小问题专栏"等。另外，我还抓住课堂上的时间做好引导、点拨。例如，上《坐井观天》一课时，一位男同学大胆举手，问："老师，青蛙真的那么笨吗？不知道天有多大，也不知道跳上来看一看？"我抓住时机，顺水推舟，回答道："是呀，青蛙怎么不跳上来看一看呀！但老师觉得青蛙有一点是好的，它不是糊里糊涂地只听信别人的话，它会发表自己的意见，质'问'小鸟，这就很好！咱们同学在学习上也要这样，大胆发言，大胆提问，这才是好学生呀！"看得出，这些话已足以让孩子们吃惊了！《坐井观天》学完了，同学们渐渐地学会提问了，课堂上不再是鸦雀无声的状态了，我高兴极了！

在我的教学工作中，我总是对积极、大胆提问的学生，给予热情的表扬和鼓励，因为，在我的内心深处执着地喊着一种声音：不会提问的学生不是好学生！

童话大王郑渊洁在《不理解万岁》中阐述了这样一个观点：对世界上的一切事物都理解有加的人，不具备创造性素质。不理解是人类前进的动力。特别是对司空见惯的事不理解，更能推动人类前行。传说中牛顿看见苹果坠地，很不理解，他想：苹果熟透后，为什么不升到天上而是落到地上呢？在他之前，所有的人类怎么都没有对苹果向下不向上表示不理解呢？牛顿不理解了，于是诞生了伟大的万有引力定律，这项定律，改变了我们的生活，使我们过得更加惬意。

现代教育心理学研究指出，学生的学习过程不仅是一个接受知识的过程，而且是一个发现问题、分析问题、解决问题的过程。每个学生都有自己的独特的内心世界、精神世界和内在感觉，有着不同于他人的观察、思考和解决问题的方式。只有了解学生学习过程中的这些特点，我们才能在日常的教学中尊重学生的那些"怪问题"，并且因势利导，使问题得到更好的解决。

6. 教师怎样通过鼓励学生质疑，发挥学生的主动性并鼓励个性

为什么我们的学生很少提问[①]

我在教学中常常问学生，你们听明白了吗？你们真的听懂了吗？学生好像都是点点头，好像没什么问题了，可是我在黑板上依据刚刚讲过的问题再出一道相似的题，有的学生就皱起了眉头，做出努力思考的样子，结果还是做不出来。更有甚者，就是把刚刚讲的题照原样写在黑板上，仍有学生做不出来，我就在想，为什么这些学生明明没有听明白，却要装着听懂了？他们心里到底在想些什么？难道是因为我平时对他们太严肃了？难道是他们害怕如果承认自己没听懂而别人嘲笑自己笨？

对于学生不爱提问的原因，我教学之余也到网上查找了一些资料，了解了一下同行的观点，然后我对自己平时的教学行为也进行了反思，我觉得自己的学生不爱提问可能是以下几个原因：

一是受我国传统教育的影响，学生不敢质疑老师，就算我没有把自己的位置看得多高，可在学生心里也是把老师看得神圣不可侵犯。在我国的传统教育中，教育者和被教育者的界限是十分严格的，这便是所谓的"师道尊严"，它的优点是显而易见的。但也注定了会形成这样一种格局：教师是传道授业解惑的，换句话说，教师讲授的都是无可争议、无可置疑的。教师讲得这么清楚了，你还会有什么问题呢？要问只能问自己：为什么老师讲得这么清楚的东西自己还不能理解？所以学生不愿意提问。

二是由于学生有一种过于强烈的自尊心，或者说是面子观念太强和存在侥幸心理。也许他们觉得如果自己提出问题，别人会说连这么简单的问题都没听懂，岂不是自己太笨了，自己太没面子了吗？或者如果自己提出问题，那不就意味着刚才没有认真听讲吗？如果没认真听讲那肯定就会被老师批评的，被老师批评了，同学们肯定会笑话的。所以他们觉得与其被同学们笑话，

[①] http://ranqiduan.t.sohu.com/

不如以后再来弄明白自己不懂的问题，或许他们还有可能认为考试不一定能考这道题，无所谓。正因为这样，有些学生可能有问题也不提。

三是可能自己平时与学生交流得太少，对学生太严肃了。致使学生害怕与老师交流，有问题也害怕跟老师讲，或者跟老师讲了，害怕老师会批评他。我自己在教学中对后进生的思想教育工作做得不够好，对他们的态度还不够亲切友好，有的学生对一个简单的问题总是不理解，我给他们讲了几遍都没听懂，我有时就会语气很重，甚至批评他们没有认真听讲。对班上比较优秀的学生有时态度也不够好，总是希望他们能做到完美，做到最好，然而这是不可能的。

教师如何让学生愿意提问题？会提问题？会自己主动动脑筋？怎样发挥学生的主动性并鼓励个性？笔者认为，教师通过鼓励学生质疑，发挥学生的主动性并鼓励个性的本质具体措施如下：

创设教学情境，努力提高学生的创新意识。创设问题情境，采取多种教学形式、手段，遵循优势互补的原则，激发学生的创新意识。在教学中，尽力创设一些灵活多样的开放性问题，利用多种教学形式和手段，使学生能够在探求问题的过程中充分展示自己的个性、才能，有利于学生创造性思维的培养，从而使他们形成较强的创新意识。

鼓励学生质疑、解疑，提出不同观点。学生能提出问题，就是创新性学习的一种表现。能提出引起大家思考、争论的问题，本身就是在无意之中培养自己的创新意识。对于学生回答的内容，教师不要急于做出判断，要让他们始终处于积极的思维状态。这将有利于促进学生思维品质的发展，有利于学生逐步形成创新意识。

突破思维定式，培养学生的求异思维。在教学中，教师应当重视培养学生的发散思维能力，让他们异中求同、同中见异，突破思维定式对创新意识的阻碍，使之能够产生学习上的迁移，能够用动态的、发展的观点去解决当前要解决的问题，从而逐步形成较强的创新意识，最终形成较强的创新能力。

雷锋、大树与米老鼠（节选）
——独特的创意源自何方？[1]
朱华贤

创意从哪里来？是关上房门冥思苦想得来的吗？不是；是睡梦中突然来的灵感吗？不是，是一天到晚捧着书本从文字中寻找来的吗？恐怕也不是。创意来自何处？我以为创意来自独特的亲身感受，来自自己真切的实践，是感受与联想的结果。

在学《雷锋叔叔，你在哪里》一课时，老师要学生说说我们身边的雷锋，班中几位优秀的学生说的都是：他帮同学擦桌是小雷锋，他把笔借给同学是小雷锋，他帮邻居收衣服也是小雷锋……"还能说出其他的雷锋吗？"老师不满足这样的回答，试图再问。可是，学生都摇摇头。老师刚想引导学生从另外的角度思考时，发现一只小手胆怯地举了起来，马上又放了下去，而后还是举了起来。一看，原来是施鹏辉。平时，这位小朋友老是答非所问，乱扯一通，把课堂搅乱。时间长了，老师就不太爱让他来回答。今天没其他学生来答题，凑个数，听听再说吧。"老师，大树也是雷锋。"说完，他把头一缩，舌头一伸，笑嘻嘻地看着老师。

"什么，大树？"老师恼怒地重复了一遍，心想让他说身边的雷锋，他竟然把大树给扯上了，这不存心捣乱吗？其他的小朋友哄堂大笑："哈哈，大树也可以做雷锋？大树又不是人，傻瓜！……"你一言我一语，课堂一下炸开了锅。老师起先也觉得不可思议，转眼一想，也许有道理，就亲切地问："你说大树也是雷锋，老师想听听你为什么这么想，能告诉我吗？"他先是一愣，然后轻轻地摇了摇头。老师蹲下身子，轻轻地握着他的小手，笑眯眯地看着他，过了好一会儿，他才微锁着眉说："老师，你不批评我？"老师诚恳地摇

---

[1] 朱华贤. http://blog.sina.com.cn/zhuhuaxian.

摇头。"暑假里，我看到爸爸妈妈在田里干活，热得满头大汗，后来他们回来在池塘边洗完脚就躲在大树下吃西瓜，这样太阳又晒不到，凉快呀，大树就像个雷锋。"

"哦，原来真的是这样。这显然是个很新鲜的比喻。"老师又问："你们觉得有道理吗？你们身边还有这样的雷锋吗？"这一次，令我大开眼界，"小乌龟帮小白兔过河是雷锋""青蛙保护庄稼也是雷锋"……教室里乐开了花。

"大树也是雷锋"也许根本算不上多大的创意，但这个答案毕竟与众不同，具有独特性。为什么许多优秀学生只能想到人，而不能想到大树？而一个平时不为大家看好的同学却能想到大树，思维新颖，而且言之有理？根本原因，就在于他有亲身体验，有独特的感受。这种感受在他身上留下了深刻的印象，一旦出现相同或相似的情景，就会对接上号。感受有不可替代的独特性，感受属于亲历者，而没有这种体验的人，不管如何冥思苦想，也不大可能出现类似的感受。"实践出真知"，至理名言！

……

十二、 有意义的评价与师德修养

1. 对"有意义的评价"内涵的理解

我们这里强调的"有意义的评价"的内涵是"学生发展性评价"，这一评价的根本目的在于促进学生的发展，强调评价的民主化和人性化以及评价内容的综合化，重视知识以外的综合素质的发展，尤其是创新探究合作与实践等能力的发展。关注被评价者之间的差异性和发展的不同需求，促进其在原有水平上的提高和发展的独特性。"有意义的评价"应力求评价方式多样化，将量化评价与定性评价方法结合起来，使被评价者成为评价主体中的一员。

发展性课程评价是针对我国现行评价中存在的问题而提出的，如"过分强调甄别与选拔的功能，忽视改进与激励的功能；过分关注对结果的评价，忽视对过程的评价；评价内容过于注重学业成绩，忽视综合素质和全面发展的评价等"[1]，它体现了当前课程评价发展的最新理念。

发展性评价最重要的是评价教师本身观念的改变情况。[2] 进行发展性评价的根本目的只有一个，那就是为了学生更好地发展而不是甄别学生的优劣。发展性评价在时间指向性上比较关注学生的未来，但是它以学生的过去和现在为立足点，因此，进行学生发展性评价的目的不在于给学生贴上一个好与坏的标签，而在于立足学生的现有发展水平帮助其获得更好的发展。学生发展性评价不是根据学生过去考试的成绩给学生排序，而是帮助学生分析存在的优势与存在的问题，并且根据存在的问题给予其有针对性的建议，因此可以说学生发展性评价是以关注学生的个体为特点的评价。

学生发展性评价注重终结性评价与过程性评价的结合，以往只关注学生学习结果的终结性评价所带来的问题已经引起更多人的关注，因此在扬弃传统的终结性评价的基础上，学生发展性评价已将终结性评价与过程性评价完美地结合起来。

学生发展性评价是定量评价与定性评价的结合。任何一种评价方式都有其自身的优点，同时存在着不可避免的缺点，这是事物的两面性特点，因此将二者结合起来，可以取长补短，优势互补。

学生发展性评价是一种民主评价，提倡学生本人在评价中的作用，这就极大地调动了学生参与评价的积极性，同时充分体现了民主的思想。

"有意义的评价"应坚持评价角度多元化，对不同学生给予不同评价。不仅评价结果，还要评价思维过程与解答方法。要激发学生的提问动机，帮助学生树立信心，小心翼翼地保护学生的主动性，让主动提问的学生有安全感和成就感，让学生感受到成功的喜悦，继而进一步提出有价值的问题。这不

---

① 朱宁波，陈旭远. 新课程核心理念诠解［M］. 北京：高等教育出版社，2005.
② 钟启泉. 为了中华民族的复兴为了每位学生的发展：基础教育课程改革纲要（试行）解读［M］. 上海：华东师范大学出版社，2001.

仅是对个别学生的鼓励,也是对其他学生的鞭策。[1]

2.发展性评价的重要特征[2]

一是以被评价者的素质全面发展为目标。

发展性评价基于一定的培养目标,这些目标指明了被评价者发展的方向,也构成了评价的依据。这些目标主要来自课程标准,但也要充分考虑被评价者的实际情况。发展性评价将着眼点放在被评价者的未来,包括大众教育和终生学习的需要。

二是有利于被评价者的后继发展。

对被评价者的发展特征的描述和发展水平的认定甚至进行必要的选拔,都是为了更有利于被评价者的后继发展。

在评价过程中,对被评价者现状的描述必须是被评价者认可的,如果需要通过评等级甚至是选拔(例如选拔班干部)去认定某种特征,也必须是被评价者认可的,只用于使被评价者认识自身的优势和不足,不应具有"高利害性"。

三是注重过程性评价。

发展性评价强调收集并保存表明被评价者发展状况的关键资料,对这些资料的呈现和分析能够形成对被评价者发展变化的认识,并在此基础上针对被评价者的优势和不足给予被评价者激励或具体的、有针对性的改进建议。

四是关注个体差异。

个体差异不仅指考试成绩的差异,还包括生理特点、心理特征、兴趣爱好等各个方面的不同特点,应当正确地判断每个被评价者的不同特点及其发展潜力,为被评价者提出适合其发展的具体的、有针对性的建议。

五是强调评价主体多元化。

评价主体多元化是指评价者应该是参与活动的全体对象的代表。以评价

---

① 徐洁谈对学生提问的智慧理答.教育视点.http://news.cersp.com.

② http://www.gmjy.com/gmjy/showcs1.asp? cs_id=133.

学生的某次学习活动为例，评价者应该包括教师、家长、学生、学校领导和其他与该学习活动有关的人员。

事例点击

1. 有意义的评价意味着用发展的眼光看学生、看课堂、看问题。教师不要把学生"看扁"，要相信"士别三日，当刮目相待"。

"你这次考这么好，不是抄来的吧?"[1]

我是差生行列中的一员，经受着同其他差生一样的冷遇。然而我并不想当差生，我也曾努力过，刻苦过，最后却被一盆盆冷水浇得心灰意冷。就拿一次英语考试来说吧。我学英语觉得比上青天还难，每次考试不是个位数就是十几分，一次老师骂我笨，我一生气下决心下次一定要考好。于是，我起早贪黑，加倍努力，牺牲了多少休息时间也记不住了。好在功夫不负有心人，期末预考时，真的拿了个英语第一名。当时我心里的高兴劲儿就别提了，心想这次老师一定会表扬我了吧!

可是出乎意料，老师一进教室就当着全班同学的面问我：你这次考这么好，不是抄来的吧? 听了这话，我一下子从头凉到脚，心里感到一阵刺痛，那种心情真是比死还难受。难道我们差生就一辈子都翻不了身了吗?

教学评价的实际作用是什么? 和成年人相比，小孩子是最在乎尊严的，一旦自暴自弃，就难救了。作为一名真正意义上的优秀教师，必须积极改革评价学生的方式。具体来讲应做到以下几点。

（1）建立评价学生全面发展的指标体系，不仅关注学生的学业成绩，而且要发现和发展学生多方面的潜能。

（2）采取灵活多样的、具有开放性的质性评价方法，而不仅依靠纸笔作为收集学生发展的证据。教师应该关注过程性评价，及时发现学生发展中的

---

[1]　http://blog.163.com/fncuiweisong@126/blog/static/30056723201074 83639862/

需要，帮助学生认识自我，建立自信，激发内在发展的动力，从而真正促进学生思想意识的不断提高。

（3）把量化和质性评价有机结合起来，加强对学生能力和素质的考查，改变过分注重分数、简单地以考试结果对学生进行分类的做法。

（4）对考试结果做出分析说明，形成激励性的改进意见或建议，促进学生发展，减轻学生压力。

2. 有意义的评价意味着——评价不急功近利，不短视。因为一堂课所实现的成效，并非都是可测的，评判"有效"的标准并不都是立竿见影的，有些是隐藏着的，是延后显现的。教师的评价能让学生有进步感。

老师，您怎样打分？①

评阅试卷，我们都习惯采用减分的方法。因为这样算分方便，笔者原先也认为这是个微不足道的事情。然而，学生一次偶然的发问，让我惊醒。有些学生这次期中考试的卷面上又是密密麻麻的红叉叉，让我很头疼。在讲评试卷后，孩子们都投入认真的订正之中。忽然，静寂中一个怯生生的声音冒出来："老师，我能请您帮个忙吗？""什么事？""我想把试卷上的减分改为加分。"我有点疑惑。"那有什么不一样吗？"这名学生黯然道："我想在试卷上看到每道题目这次又考了多少分，比以前进步还是倒退……多一分，对我来说，就是一分进步和希望呢！"我惊呆了。试卷的不同改法，竟然包含着一个孩子的期待和希望！

是啊，我们批改试卷，眼里只盯着错的题目，错多少，就扣多少分，却从来没有想过这题对了多少，该得多少分。换个角度来看，评卷时减掉一分，就是减去一分希望，加一分就是增加一分信心啊！记得有这样一个例子：有人在黑板上挂了一张"画"，白纸中画了一个黑色圆点。然后问："你们看见

---

① 杜怀超. 老师，您怎样打分？[J]. 基础教育研究，2007 (9).

了什么?"所有的人都回答道:"一个黑点。"一张纸上那么大的空白都没有看到,却单单看到一个小小的黑点,这不发人深思吗?我们不少老师通常就只能看到"那个小小的黑点",结果严重地伤害了学生的自尊心,使学生产生了自暴自弃的情绪。如果老师换个角度,盯着学生"偌大的空白",捕捉他们身上的闪光点,认真呵护、鼓励,让学生产生更多的自信,那岂不更好?魏书生在点评一个"学困生"的语文试卷时,这样教育他:"你不错,没看书就考了 30 分,下一单元你看一下书,一定能考 40 分。"

教育的意义就是,当我们换个角度来看待学生时,会发现他们身上有许多的闪光点,而适当的称赞,也许会产生令人难以置信的奇迹,收获一分意想不到的成果。

特级教师薛法根认为好的教育有两个条件:一个是能让孩子有进步感,另一个是能让孩子有愉悦感。进步感是一种持久的内驱力,愉悦感是一种情感动力,因为每个人的内心深处都渴望成功、渴望进步,孩子亦然。所谓进步感,是孩子经历学习之后看到了自己的收获,看到了自己所具备的学习潜能,久而久之,便增强了学习的自信心。相信自己,才能超越自己。这是教育的真义。

案例中学生的回答"我想在试卷上看到每道题目这次又考了多少分,比以前进步还是倒退……多一分,对我来说,就是一分进步和希望呢"给我们上了一课:有效教学就是要使教师的评价能让学生看到希望,要给学生进步的动力。我们的教育往往过度拔高了对学生的评价标准,是以 90 分的优秀来评价、衡量孩子的。这样一来,教育呈现的就不是孩子的潜能与进步,而是孩子的问题与缺点,也就制造了无数个"失败者"。

从孩子的起点出发,让每个孩子都能看到他每天的那么一点点进步,才是教育应该具有的情怀。这样点滴的进步,对于孩子来说,也不是一蹴而就的,或者需要他们付出许多艰辛的努力。好的教育,一定会用足够的时间,让孩子慢慢长大;一定会有足够的耐心,静等花开的声音;一定会坚信每个孩子都有学会的可能。要知道:"迟开的花,一样鲜艳。"

3. 有意义的评价意味着——趁热打铁。

贾志敏老师即兴点评

观摩贾老师的语文课，我每每被他的教学睿智所折服。他的即兴点评，实为经典，堪称一绝。一次，贾老师执教《"精彩极了"与"糟糕透了"》。他请学生朗读课文。起先，学生怕读错，都不太愿意当众朗读课文。贾老师为消除学生顾虑就不断鼓励他们："读错属正常，读对则是——超常。"在笑声中学生纷纷举手。可惜的是，几个学生朗读时都出现了差错，贾老师没有批评他们，却对没有读错的一位学生说："到目前为止，你读得算好的!"掌声过后，他又添了一句："但不是最好的。"顿时，其他学生跃跃欲试。一个学生读得字正腔圆，声情并茂，贾老师赞许地说："你读得真好! 我被感动了。看来，其他同学想超过你几乎是不可能的了!"话音未落，教室里，小手齐刷刷地举了起来。一个男孩的手举得最高，站起来读，却读得磕磕绊绊，结结巴巴。贾老师不无遗憾地说："你读得真是一般，让我失望。但是你的那番热情、认真却难能可贵!"

对每个学生的朗读状况，贾老师都及时做出恰如其分的评价，并不失时机地进行无痕教育和积极引导。那看似不经意的插话和评价，都会产生一种神奇的力量，这些话语深深地吸引着孩子。所以，他的课堂气氛特别活跃，学生始终处于亢奋状态。

学生叫我"华罗庚"①

我每学期听课在 100 节以上。听完数学课，我喜欢当堂评价学生，比如："我们班 42 名同学，听完这节课，我欣赏 39 名同学的表现，会用眼睛听课。我最欣赏甲同学，她的发言最有数学味道。她说的好是由于她肯动脑筋，能有条理地去想。""这节课，我最欣赏乙同学，他提的那个问题——为什么不

---

① 华应龙. 学生叫我华罗庚 [J]. 人民教育，2009 (2).

用长 2、宽 1 的长方形做面积单位，是一个很好的数学问题。"我这样评价的目的是给学生树立一个数学学习的榜样。因此，学生们非常欢迎我去他们班听课，常常争着把我的椅子拉到他们座位的旁边。在数学的造诣上我远没有华罗庚高，但在学生们那里，他们往往把敬佩和喜欢混杂在一起，好像我也像大数学家一般权威呢！

教师作为承载着教育学生促进其健康成长的任务的人，在对学生的评价方面具有举足轻重的地位。教师对学生的及时、适当的评价会起到激励的作用，会使学生找到自信，会让学生有向上前进的动力。教师在对学生进行评价时，要注意挖掘学生的闪光点，用赏识的目光看待每一位学生，以平等的态度对待每一位学生。上述案例中的特级教师华应龙就做到了这一点，他受到学生的喜爱，被学生称为"华罗庚"。

4. 有意义的评价意味着评价不是教师的"专利"——也让学生提出评价标准，也让学生来评课。

意外的收获①

徐浙珉

这次公开课，我讲的课文是《燕子过海》。这节公开课得到了听课老师的好评。我忽然想起，老师们的评价是这样的，同学们的评价是不是也一样？既然说学生是课堂的主人，那么，能不能让他们享受参与评课的权利呢？

虽然让学生来评课有一些顾虑：一是学生会评课吗？因为知识水平限制，到时候会不会乱说一气？第二点是老师得放下自己的架子。让孩子来评价老师的课，以后自己不是时刻置身在几十个"评委"的眼皮底下了吗？压力够大的！但是，我决心还是来试一试，因为自己不去试试怎么知道结果。

一节活动课后，我坐到同学们的中间，首先来了一段开场白："同学们，大家都是课堂的主人，今天大家在课堂上表现得非常活跃，给来听课的老师

---

① 中华人民共和国教育部基础教育司. 素质教育案例精选 [M]. 北京：中华工商联合出版社，2002.

留下了良好的印象。老师想听听同学们对这节课的看法，希望大家也能像在课堂中表现的那样积极发言，真正成为课堂的主人！"

没想到的是学生们一点也不胆怯。他们流露出欣喜的表情，也许他们早就想对课堂品头论足了。

"老师，我看见你上课时脸上笑嘻嘻的，所以虽然有许多人听课，我们一点也不害怕，感到特别亲切。""老师今天穿着西装特别'酷'，大家都特别爱上你今天的课，希望老师天天打扮得很精神来上课。"哈哈，我晕了，这叫什么评课？

"老师，今天你一开始就让我们自己不停地练习飞翔一分钟，我们的手都酸了，所以能特别感受到燕子飞过大海的辛苦。""老师，你的朗读特别棒，当你读到冻死了的燕子被人轻轻放到大海的时候，我听得眼泪都快掉下来了，所以轮到我读的时候我就学着你的朗读方法，我自己觉得对这次朗读感觉很满意！""我觉得老师说话特别幽默，所以我最爱上语文课。"我渐渐感觉到学生的评课能力了。"老师，我认为你有一点处理得不好。"哦！珍贵的"批评"开始了。"就是朱辰阳回答问题时你脸色有些难看了，不像平时一样和气地请他坐下，他到现在还感到难受，认为自己为班级丢了脸。"

哦，我想起来了。当时我让大家讨论"为什么燕子已经疲劳极了，但停歇不久就展翅起飞呢"，可是朱辰阳同学却谈起自己老家燕子的事，我当时一听就着急：这儿时间正紧，在这节骨眼上来闲扯！因此也没等他说完，就立刻请了边上的同学来回答。没想到他现在还在难受。

"其实，朱辰阳说的话也有他的道理。他想说，他老家的房子里就有燕子。在小燕子出生的时候，燕子爸爸妈妈们特别辛苦，它们不停地飞进飞出捉虫子喂养自己的小宝宝，它们就是很累了，也是不会休息的。燕子是真正勤劳又顽强的益虫，所以他能理解课文中的话。可是老师……"

执教者反思如下：

我有点惊异了！自己一贯主张师生之间是平等的，平常也自认为非常讲民主，很尊重学生。可是通过这次评课，学生让我看到了自己思想的另一面：

碰到特别情况时，"师道尊严"的传统观念又会表现出来，没有给学生平等交谈的权利！看来，老师教育观念的更新也不是一劳永逸的，需要学生的实施监督。这是我意外的收获。

听了同学们的评价，我暗暗地感觉到自己做了一次非常有益的尝试。原来学生的评价有自己的一套标准，他们是从自己学习的角度来看待这节课的好坏的。这种评价对老师来说是非常可贵的，因为这样老师可以更全面地了解自己的教学。

于是，我真诚地对全体学生说："谢谢你们的评价！"

5. 有意义的评价意味着——教师鼓励学生课堂互评。

《生命 生命》教学片段①

师：小朋友，现在请你们把第二段中自己认为最美的句子读给大家听，把快乐与大家分享，好吗？

生1：我认为"冲破坚硬的外壳，在没有阳光……茁壮成长"这句话最令我感动！

师：为什么呢？

生1：我从"不屈向上，茁壮成长"中可以感受到香瓜子对生命的渴望和顽强拼搏精神，所以我很感动！

生2：你说得真好，我同意你的意见，香瓜子在艰苦的环境下不屈不挠、茁壮成长，的确令我们感动。

生3：你们都说得有道理，但我要给你们补充一点，"那小小的种子里包含着一种多么强的生命力啊！"这句话也将香瓜子对生命的渴望表现得淋漓尽致！

师：同学们，你们真聪明，能从不同的角度体会生命的珍贵和香瓜子对生命的渴望。那么谁能用朗读的形式来表现香瓜子对生命的渴望呢？（一学生

---

① http://eblog.cersp.com/userlog15/27789/archives/2008/1090592.shtml.

朗读）

生1：你读得真不错，我也想读一读。

师：你们俩读得真好，你们的朗读让老师感受到了香瓜子对生命的渴望！

生2：老师，他们读得语气很美，我仿佛看到了香瓜子在恶劣的环境下茁壮成长的画面，我想和他们比一比。

生3：你的朗读水平提高了许多，把句子中的几个重点词语读出了不同的语气。

师：同学们不但读得好，而且评得很到位，你们都很了不起！还有没有句子令你们感动呢？

生4："即使它仅仅只活了几天"这句话也写得好。

师：你的眼力不错，我也认为这句话写得好。可好在哪里呢？

生4：我认为"即使"这个词用得好。

师：为什么呀？说给大家听听。

生1：我说不清楚，可我就是觉得"即使"用得好。

师：说不清楚是正常的，你能觉察到"即使"用得好，就已经非常了不起了。大家想一想："即使"还可以换成别的什么词？

生：即便、虽然、纵使、就算、哪怕……

师：你们的小脑子好灵活呀，词语那么丰富！自己用心读一读，体会一下。你们还觉得写得好的有哪些词呢？

生："仅仅"这个词也用得好！

大家就这样你来我往的，然后，下课的铃声响了。

学生与学生互相评价可以调动学生参与评价的积极性，给他人评价，这在一定程度上就是被赋予某种权力，学生不但拥有评价的权力，而且能够针对其他同学的不足给予参考意见，这对于学生来说，是一种民主思想的充分体现，有利于改变学生在教学中被动接受的局面，充分调动学生的积极性，从而发挥学生在教学过程中的主体地位。另外，由于学生与学生之间的年龄相仿，心理发展阶段几乎相同，有共同的生活等经历，并且具有属于他们自己的群体文化，因此学生与学生之间可能更了解，在了解的基础上更有利于做出客观、可行的评价。

新课程标准强调，要充分调动学生的积极性，给学生以更多的发展和表达的机会，教学要发扬民主，提倡"群言堂"，倡导多向信息交流。在《生命生命》这一教学过程中，师生之间、学生之间充分展开了交互式的评价方法。教师给予学生鼓励的眼神，富有激励性的话语，如"你说得真好、你们真聪明、已经非常了不起了、你们的小脑子好灵活"之类的话语，受到老师真诚的赞赏，学生的积极性大大提高了，他们学习的空间更加广阔了，其主体地位也随之得到更加充分的发挥，学生真正把自己当成了学习的主人。

赞赏是一种由衷的真情的表扬。面对学生的精彩回答，教师应给予发自内心的赞赏，这可能对学生是一次终生难忘的鼓励。学生互评在这一教学过程中运用得非常频繁，小学生喜欢模仿老师去评价别人，这种互评方式有利于学生互相学习优点，改正不足，也可以锻炼学生的判断是非能力和口语表达能力，使他们不断地发展和完善自己。如在朗读时，学生能对同伴的朗读做出一番点评，如"你读得真不错，我也想读一读""老师，他们读得语气很美……我想和他们比一比""你的朗读水平提高了许多"等。在评价中，学生学会了朗读，学会了竞争，锻炼了自己各方面的能力，促进了自己的全面发展。

在整个教学过程中，教师非常注重每个学生的感受，总是以激励为主，敏锐地捕捉其中的闪光点，并及时给予肯定和表扬，让学生感受到教师和同伴心诚意切、实事求是的评价，激励学生积极思维，营造了一种热烈而又轻松和谐的学习氛围。同时，把学生引导到评价中去，调动所有的学生关注评价、参与评价，使学生在评价中交流，在交流中学习，在评价中得到进步，共同提高，全面发展，从而使课堂评价有效地促进了学生的发展。

给学生互评创造机会①

语文课上，同学们正在热烈地学习、讨论着，大家都在用自己喜欢的方法识记生字。

这时，刘佳欣站起来说："我有一个记'全'的好办法。"停了停之后，她接着说："以前，我们记'金'字时，有的同学用猜字谜的方法来记，我记得谜面是'一个人，他姓王，腰里别着两块糖'，这回我还用这个字谜来记，只是把它稍稍改一下。我改成了'一个人，他姓王，腰里丢了两块糖'。"听了她的介绍，同学们好像恍然大悟。这时，我并没有对刘佳欣的发言做评判，而是转过头来说："刘佳欣这个方法好吗？"同学们纷纷点头。"那么好在哪里呢？请你来评价一下。"这时，田宇站起来说："刘佳欣用上个学期学习'金'字的方法来记这学期的字，说明她以前学习得就很认真，记得也很牢。"郑中一接着说："我觉得她的方法很巧妙，而且很有效，让我一下子就记住了这个字。""还有，还有，"邓聪接着说，"我觉得刘佳欣很会动脑筋，我就想不出这样的方法。"听了同学们的评价，我满意地点了点头，说："同学们说得很好，让我们用掌声对刘佳欣这种富有创意的想法表示鼓励。"顿时，教室里响起了一片热烈的掌声。

教学继续进行着，在后面的讨论中，大家更加积极。在记"先"字时，有几位同学用了不同的方法，有的同学说："我可以用去偏旁的方法来记。'洗'字去掉'氵'就是'先'。"有的同学说："我可以用换偏旁的方法来记，把'告'字下面换成'儿'就是'先'。"

接着，有的同学用"元"字加"丿"和"丨"（加笔画）的方法记，还有的同学用把"牛"字的"丨"变短再加"儿"的方法记。在大家说完这些识记的方法之后，我及时给予了肯定，"这些同学都能积极开动脑筋，想出自己喜欢的方法来识记生字。"这时，我觉得还不够，于是我又说："请同学们说说你认为哪种方法更好。"这时，有的学生站起来说："我觉得第一种方法最

① 朱宁波，陈旭远. 新课程核心理念诠解［M］. 北京：高等教育出版社，2005.

好，因为这种方法最简单，也很方便。"有的学生说："用'告'字记也挺好的。"还有的学生说："第三种和第四种方法虽然也能记住，但是不太好记。"听到同学们的这些评价，我感到比较满意。

在这节课当中，教师注意给学生与学生之间的评价创造机会，当刘佳欣说出记"全"字的方法之后，教师不是根据自己的主观判断马上给予积极或者消极的评价，而是把这个评价的机会交给同学们，学生们在得到教师的许可之后，思维很活跃，而且都分别按照自己的理解对刘佳欣同学的方法给予评价。

由这个例子我们可以看出，大家对刘佳欣同学的评价是发自内心的，而且大家对刘佳欣的评价虽然采用的角度不同，但是有一点是肯定的，那就是对刘佳欣的方法给予肯定，给予积极的评价，在刘佳欣的带动下，同学们又想到了类似的其他记字方法，并且由于这些方法是同学们自己想出来的，因此同学们的印象一定会很深刻。

由此可见，学生与学生之间互相评价存在着诸多益处：

首先，它有助于培养学生的判断能力，以及发现问题、解决问题的能力。评价并不是简单地对现象进行描述，它需要一定的判断能力，否则也就无所谓评价了。一名学生在对其他学生进行评价的时候，自然也就是对其他学生的某一方面做判断的过程，在这个判断的过程中学生的判断能力自然会得到发展。

其次，评价不是没有针对性的随机的过程，它需要学生对其他人的某一方面做出肯定或者否定的判断，要确定判断是肯定的还是否定的，就需要学生明确被评价的学生在解决问题方面的做法是可取的，还是不可取的，也就是说需要评价者做出清晰的判断，如果发现被评价学生的做法不可取，作为评价的主体还会积极思考可行的方案，因此，学生互评对于学生发现问题、解决问题是大有裨益的。

另外，它有助于培养学生的交往能力，提高学生的社会适应能力。在评价的时候，作为评价主体的学生会对被评价的学生的做法进行深刻思考，在思考的时候，要把握被评价学生的思想精髓，这种评价的过程也就是学生与学生之间进行精神碰撞的过程。在反复的评价过程中，学生的思想不断得到碰撞、交流，最终达到一种共识，这也就是交往的意义所在。

最后，它有助于调动学生的积极主动性。学生有评价权，这本身就是民主的一种体现，学生可以向其他同学表达自己的真实想法，可以就其他同学的优缺点做出判断，在这个过程中，学生会感到自己存在的价值，而且学生意识到自己的价值得以体现，他们的积极主动性就会被调动起来，就会积极地参与到教学的过程中来。

6. 有意义的评价意味着——教师评价学生的成绩不能用同一个标准，要有灵活性。

进步就是优①
焦翠萍

为培养和提高学生分析问题的能力和语言表达能力，每堂新课后，我都要布置一个小思考题，让学生用精练的语言做出答案，字数一般不超过 50 个。在下一堂新课前，一般抽 3—5 名学生面批面改。

2001 年深秋的一天，我像往常一样来到教室，准备点名面批作业。这时，前排一个平常不太爱讲话、比较胆小、学习也较差的女生来到我面前，悄悄地对我说："老师，能否先给我批批作业？"我说："可以！"她红着脸，用低得只有我才能听得见的声音怯怯地说："老师给个优吧！"我惊奇地笑了。于是问道："为什么要批个优？"她腼腆地说："老师，我每次作业都很认真，可还没得过一次优，今天的作业，我更是下了功夫！"我接过她手里的作业本，仔细地端详着她的作业：字虽不清秀，但却认真，有所进步；再望望她那一副纯真的面孔和一双充满渴望的大眼睛，于是，在成绩栏里我端端正正地写了一个"优"。她高兴地笑了。从今以后，这个女生学习更加认真，作业也越

---

①　中华人民共和国教育部基础教育司. 素质教育案例精选 [M]. 北京：中华工商联合出版社，2002.

做越好，学习进步很大。

　　从此，我在教学中时刻告诫自己，不能以同一标准对待不同的学生。每个同学的起点不一样，对他们应设计不同的目标要求，只要他们努力，哪怕是一点点进步，都应及时发现和鼓励。进步就是优！

　　坚信"进步就是优"的焦翠萍老师理解了发展性评价的内涵，能灵活运用到自己的教育教学中，体现了高境界、高水平的师德修养，那就是通过评价帮助学生树立信心，小心翼翼地保护学生的主动性，让学生在取得成绩的喜悦中重新发现自己。这不仅是对这一个学生的鼓励，也是对其他学生的鞭策。

　　教师应坚持评价角度多元化，对不同学生给予不同评价。不仅评价结果，还要评价思维过程与解答方法。焦老师在批改作业中认真细致，平等地对待每一个学生的渴求，不断理解学生的已知和未知，通过激发学生内在动力的作业评价，创设出了高品质的师生心心相印的教学氛围。

　　7. 有意义的评价意味着——许多"好学生"是"评价出来"的。教师的批语也可发挥对学生的促进意义。

感谢批语[①]

马树荣

　　恰当的批语会带给我们事半功倍的教学效果，这是我在 7 年前发现的。那时我大学毕业，任教不足一年，教学经验没有积累多少，但我知道同学们都喜欢我这个年轻、随和的教师，当然，我也喜欢他们，并对他们负责。因此，我批改作业相当认真，总是一本本作业、一道道题地批改到深夜，然后在每本作业的后面批上他们应得的等级：Good、Better、Best。

　　过了一段时间，我发现有几个学生没更正错误，为了使他们更正错误，我就在他们的作业上写道："Please correct the mistakes." 当时学生还没学单

---

　　① 傅道春. 新课程中教师行为的变化［M］. 北京：首都师范大学出版社，2001.

词 correct 及 mistake，我故意不给他们写汉语的意思，然而第二天交作业时，那几个学生都十分认真地更正了错误，我问其中一名学生他们是如何明白我的意思的，他们说是出于好奇心，买了本词典查了查，才知道是"请更正错误"的意思，说话的同时我看到了他的脸微微发红，但我也看到了他的进步：既学习了两个生词，又改掉了不更正错误的坏毛病。

从那以后，我批改作业不再是简单的"Good、Better、Best"，而是在它们的后面加上一两句简单的英语：You study very hard. I like you very much（你学习很努力。我非常喜欢你）。You speak English very well. I believe you can write well, too（你英语讲得很棒，我相信你书写也会很棒的）。结果正如我所预料的那样，由于给每个学生的评语都是针对他们自身的优缺点写的，他们都从内心感到老师在注意、关心他们。得到了老师的关注，学习自然也就有了动力，以前努力学习的学生变得更加努力，以前书写不认真的学生书写也认真了。

初见批语的"奇效"之后，我又把"批语"变成了与学生交谈的重要方式。把一些不但针对他们的优缺点，而且针对日常生活变化等看似与学习无关的话批在上面，如"I know you are a clever boy. Try your best and you will catch up with the others.（我知道你是一个聪明的男孩，尽力学习，你一定会赶上别人的）Your handwriting is much better than before. I am very happy.（你书写比以前进步很大。我非常高兴）Why are you so tired these days? You must look after yourself.（近来你为何这么疲倦？你应该学会照顾自己）I am sorry to hear your mother is ill. Do your best to make her happy and be a lovely daughter.（听说你的妈妈生病了，我很难过。尽量使她心情愉快，做个好女儿）"等等。在我使用这些"批语"后，学生学习英语的兴趣陡然提高，大家争着交作业，他们都希望从作业中找到自己的优缺点，找到安慰，找到温暖，找到心与心的交流……

的确，作为老师，我们本来应该抽出许多时间和同学们谈心，可我们既是儿女、妻子或者丈夫，又是自己儿女的父母，我们在现实生活中扮演着多种角色，这就使我们没有更多的时间和学生们交流。因此在作业本上批一两句简单的批语，用这种方式每天和学生"聊聊天""谈谈心"，这比普通的"Good、Better、Best"要强许多，这会使我们更贴近学生，学生也更贴近我们，当然我们的教学工作也会取得事半功倍的效果。

"多一把尺子，就多一批好学生。"许多好学生都是教师评价的结果。马老师抓住评语这块"方寸之地"，用倾注师爱的批语与学生进行心与心的沟通、情与情的交流，以感化、激励学生，收到了良好的效果，为我们提供了作业批语创新的鲜活范例。这实际上也是教师之爱与教学智慧的体现。

有效教学就是要面向全体学生，重视学生的个性，切忌片面，注意针对性，评语要抓住学生特点，避免千人一面，力求准确、恰当，通过评语给学生以具体的指导。教师写评语时要倾注"师情"，体现"爱心"，充满期望，使学生能通过老师鼓励的话语找到自尊与自信，获得前进的动力与勇气。语言上要具体化，避免泛泛空谈，要情感化。动之以情，晓之以理，才能导之以行。

8. 有意义的评价意味着——只要对学生的成长有利，教师可选择的评价方法是灵活多样的。教师也可以让学生自己出考题，这是学生自我评价的一种间接方式。

每人出一套考题①

"让同学们在我的课堂上学得有趣"是七年级英语教师克利默夫人再三公开表白过的宗旨。

克利默夫人瘦瘦高高，梳着短头发，又热情又文雅。她总能想出很多有趣的办法来让我们轻轻松松地学习。这天，她宣布几天后要测验刚刚学到的20个单词，同学们马上唉声叹气起来。可她马上接着说："我准备用一种新办法：这次你们每人出一套考题给我，我挑一份最好的考你们，怎么样？"

---

① 高歌. 赴美就学笔记：一个中国女孩从 11 岁到 19 岁在美国求学的经历与见闻 [M]. 海口：海南出版社，2000.

新鲜！同学们欢呼起来，紧接着开始窃窃私语。一个男生向周围同学叫了起来："谁也别把考题出得太难啊!"

全班同学都笑了起来，老师也笑了："你们可别都串通好了出容易的题。如果都不合我的意，我可就自己出一份题了，明白了吗?"

大家开始出考题，教室里议论纷纷的，热闹极了，我心里盘算着：20个单词，就出20道题吧。可该出些什么题呢？一边回忆着老师讲授这些单词时提的要求、以前给我们出的题，一边请教邻座同学。邻座安吉琳娜说她的第一大题是按字母顺序把单词排列起来，再一大题是拼写……

不该这么出吧？我心里嘀咕着。考试的重点应该放在单词的意义解释上啊!

我煞费苦心地想来想去，终于提笔写下了第一题：填空，共5小题，写下单词的解释，要求从20个单词中找出正确的单词填在括号中。

第二大题是选择反义词。我写下了一个新单词和四个别的单词，要求从这四个词中选出与新单词相反意义的词。我还耍了点小花招：先写下正确的反义词，再写下同义词，另外再写一个名词、一个形容词。

放学了，我回家忙了两个多小时，又写又改。后面又编了两道大题。第三大题：选择正确的解释；第四大题，我造了5个句子（这5个句子可真是让我绞尽了脑汁），把该用新单词的位置空了出来让同学们填。总算全妥了!

第二天，大家把自己编出的考卷都交给了克利默夫人。

第三天就是考试的日子。本来大家都怕考试，可这一次同学们都很兴奋：到底老师会选谁的考卷呢？克利默夫人神秘地微笑着把考卷发了下来。我急不可待地抓过来看上面作者的名字：呀！是我的！真是我出的那套考题，我高兴得不知如何是好。

理所当然，我轻而易举地在这次英语测验中得了一百分。说是轻而易举，可我在如何出考题时已经费了不小的劲。我这才醒悟：克利默夫人不动声色地就让我们在测验之前好好地复习了一遍，而且，大家还复习得又积极又主动!

通常而言，一提到考试，我们想到的往往是教师来出考试题，学生来做答案，然后教师按照所谓的标准答案评价学生的掌握情况，这样的做法使得学生对考试充满了畏惧心理。但在此案例中，教师成功地调动了学生学习的积极性。而调动学生积极性的方法就是通过学生自己出考题，这是学生自己评价自己的一种间接方式，学生通过出考试题，对所学的知识点重新复习了一遍，这样就可以达到复习加深对知识理解的目的。

另外，学生出考试题的时候，不是简单地将知识点罗列起来就可以了，学生还必须考虑以怎样的合理的方式来呈现知识，这样在无形当中又锻炼了学生组织知识的能力。最后，学生自己给自己出考试题的做法无疑是调动学生学习积极性的一种非常有效的做法。由于考试题是学生们自己出的，因此学生对考试不再充满畏惧心理，反而有一种非常想参加考试的积极性，能够促使学生积极主动地学习。

9. 有意义的评价意味着——评价考核的方式要随着教学理念与教学行为的改变而灵活处理。如果考试总给出一些冰冷可笑的"标准答案"（尤其是语文），那真正有思想的教师与学生就会心灰意冷。

答"凭自己的意志力到达的"不给分

这是发生在吉林省某市中考语文批卷现场的一个真实的故事。我的朋友就是故事中的那位大学老师。

某大学老师带领自己的研究生参与中考语文试卷的批改工作。其中有一道古文阅读题是那个著名的"蜀之鄙有二僧，其一贫，其一富。贫者语于富者曰：'吾欲之南海，何如？'富者曰：'子何恃而往？'曰：'吾一瓶一钵足矣。'富者曰：'吾数年来欲买舟而下，犹未能也。子何恃而往？'越明年，贫者自南海还，以告富者，富者有惭色"的古老故事。阅读题中的一道是这样问的："穷和尚是怎么到达南海的？"试题给的标准答案是：用脚走到南海的。大学老师的学生们都在忠实地按照"标准答案"批分。

这位带队的大学老师在中途翻阅检查已批过的卷子时，发现有几个试卷上写的此题的答案是"穷和尚是凭自己的意志力到达的",竟然是 0 分,他想:"这是一个多好的答案啊!有自己的思考并高度概括出故事的主旨,而给的现成答案就有点太小儿科了,正说明没理解故事背后的含义。"他又翻了翻已批过的卷子,发现这样按标准答案的批法实在太坑人,那些肯动脑,有自己的见解,有创造力,不人云亦云的好学生,此题恰恰不得分!他马上召集学生商谈这件事,可学生们一脸无辜地说:"标准答案就是这么定的呀!我们也不敢贸然行动啊!其实,我们批时也觉得不对劲儿!"……

这是我的朋友,案例中的那位大学老师给我们讲的他自己经历的"标准答案"风波。在现实教学和考试中,尤其是文科,这种情况时有发生,而且一般都不了了之。这使我想起特级教师刘可钦的一段话,颇有同感。刘老师在《刘可钦与主体教育》一书中写道:"教的想法、行为在改变,可是如果评价——考核的方式不改,考试竟出些冰冷可笑的'试题与答案'(尤其是语文),致使学生的教的变化(如创新能力等)不能考核出来,成绩不见分,这使得真正有思想的教师更尴尬,就会造成惯性继续,不去改革了。"[1] 师德修养在教学评价中发挥的潜移默化的作用,对学生的思维方式多元与价值观往往有更直接的影响。

学习链接

教师评价语实施的注意事项[2]

1. 避免片面理解无错原则,盲目鼓励

新课程标准强调:"对学生的日常表现,应以鼓励、表扬等积极的评价为主,采用激励性的评语,尽量从正面加以引导。"[3] 所以有的教师在日常的课堂评价中一味地表扬学生,对学生的错误一概不予纠正,这样的教学实例很

---

① 教育部师范教育司. 刘可钦与主体教育 [M]. 北京:北京师范大学出版社,2006.

② 杨宏丽. 学习评价的技能与工具 [M]. 长春:东北师范大学出版社,2015.

③ 中华人民共和国教育部. 义务教育数学课程标准:2011 年版 [S]. 北京:北京师范大学出版社,2012.

多。新课标虽然强调要在课堂评价中多激励学生，少批评指责学生，但是这并不代表教师就可以毫无原则地一味夸赞学生。而"无错原则"的本意也是如此，它不是说学生做错了也是对的，而是在学生做错时，教师用一种无责怪的、婉转的语言加以劝导。因此，如何正确使用无错原则就成为目前教育的重中之重。

首先，教师要学会换个角度审视学生身上的不足，学生还处在成长阶段，难免会因为一些错误认知和经验缺乏而犯错误，这时教师对学生的处理不能过于苛刻，不能否定和指责学生，而是应该重新审视整个过程，找出问题的源头所在，如果问题出在自己身上，教师就不能以一副高姿态压制学生，而应勇于承认并改正。其次，教师要善于寓"贬"于"褒"，在寻找问题根源的同时发现学生的长处，帮助学生树立自信，促进学生各方面的能力全面发展。

2. 避免过于注重目标达成，忽略过程

一些教师由于过于依赖教案，希望课堂中的每个环节都按照自己的设计来进行，以求完美地达到教学目标，因此在实际的课堂教学中容易被预先的教学设计所束缚。一旦发现学生的想法偏离自己预设的方向，便立即制止并生拉硬拽回原来的"轨道"。殊不知教师的强制正是抹杀学生个性和创造性的杀手，教学因此变成了被动的控制活动。这样的例子在实际教学中也有不少。例如当学生就某一问题展开讨论时，大家都很活跃地表达了自己的想法，当有些学生的发言过于个性化而偏离教学主题时，教师就会沉默不语或是强行打断，只有当学生说出教师想要的答案时，教师才会予以肯定和赞赏，才会进入下一部分的教学内容。设想一下：这样的课堂培养出的学生灵性何在？这样的教育培养出的学生以后面向社会会有自己的想法吗？会对一些事情提出独到的见解吗？答案显然是不会。

因此，教师应避免过于注重目标的达成，而忽视学生在学习过程中的所思所想。教师应根据学生的表现决定在课堂上要重点评价哪些方面，以求保证教学质量的同时，关注学生的综合发展，从而让自己的课堂更加丰富、温暖和有价值。

附　录

教育部有关师德方面的文件

一、　2017 年《中小学教师职业道德规范（ 2017 ）》延伸阅读

（一）新《规范》修改（出台）背景

新《规范》是在我国社会经济和教育发展进入新的历史阶段这样的重要背景下修订的。2002 年召开的党的十六大报告中提到了要"发挥我国巨大人力资源的优势"，2007 年召开的党的十七大报告明确提出要"建设人力资源强国"这样一个奋斗目标，这是了不起的一个决策。从这个目标出发认识教育，教育的作用就更突出了。而且，十七大报告把教育放在了"加快推进以改善民生为重点的社会建设"这一章中，显示党中央已经把教育作为民生议题来看待。当前，在教育事业飞速发展的基础上，人民群众不仅要求"有学上、有书读"，而且进一步要求"上好学、读好书"。因此，教育质量的提高是学校的当务之急。而提高教育质量，关键在于我们教师。没有高水平的教师队伍，就没有高质量的教育。"十七大"强调要建设人力资源强国，实施素质教育，提高教育质量和水平，教师队伍师德和业务素质尤其重要。"百年大计，教育为本；教育大计，教师为本；教师大计，师德为先"。所以教师的师德是教师最重要的素质，师德水平也是人民群众对教育工作满意不满意的一个重要标尺，更是教育改革发展的内在需要。

2004 年中央 8 号文件第三条指出：全社会关心和支持未成年人思想道德建设的风气尚未全面形成，还存在种种不利于未成年人健康成长的社会环境和消极因素；……教师职业道德建设有待进一步加强；第十条中明确规定：要"切实加强教师职业道德建设"。2007 年胡锦涛总书记"8.31"讲话中，对广大中小学教师提出："一个精神，四点希望"。一个精神：就是"教师应该体现胸怀祖国，热爱人民，学为人师，行为示范，默默耕耘，无私奉献的精神"；四点希望：就是要求教师"爱岗敬业、关爱学生；刻苦钻研、严谨笃学；勇于创新、奋发进取；淡泊名利、志存高远。甘为人梯、乐于奉献，静下心来教书，潜下心来育人。文件及讲话精神在一定程度上催生《规范》适应新形势进行修订。

改革开放以来，我国于 1985、1991、1997 年先后三次颁布和修改了《中小学教师职业道德规范》，对教师职业道德的发展起了积极的推动作用，最后一次颁布和修改《教师职业道德规范》距 2008 年相距 11 年，原《规范》条款中许多内容不能满足新时代要求，许多内容需要不断完善。少数教师师德缺失与滑坡，引起了人民群众强烈不满，引起了党中央和国务院高度重视。

（二）新《规范》体现的基本原则

一是坚持"以人为本"。新《规范》一共六条，不仅是在原有的版本基础上的深化和升华，而且提出了更高的目标和要求，充分彰显了以人为本的思想，充分体现"教育以育人为本，以学生为主体"、"办学以人才为本，以教师为主体"的理念。如"爱国守法"强调了教师要爱祖国和人民；"爱岗敬业"要求教师"忠诚于人民教育事业"；"关爱学生"强调"对学生严慈相济，做学生的良师益友；"保护学生安全"更是注重以人为本的教育理念；"教书育人"进一步明确了教育要以学生的发展为中心；"为人师表"同样赋予了"以人为本"的时代含义，不仅与胡锦涛总书记的"八荣八耻"紧密相连，而且对教师的衣着和言行举止、协作精神、廉洁奉公、不谋私利等方面要求具体细致，还增加了对待家长态度方面的要求；"终身学习"更是人本思想的全面要求。

二是继承与创新相结合。新《规范》在认真总结了原《规范》的基本经验基础上,汲取了原《规范》中反映教师职业道德本质的基本要求,如继承了师德规范主旨"爱"和"责任",又充分考虑经济、社会和教育发展对师德提出的新要求,将优秀师德传统与时代要求有机结合。

三是广泛性与先进性相结合。《规范》修订从教师队伍现状和实际出发,面向全体教师,对教师职业道德提出了基本要求,使之成为每位教师自觉遵守的行为准则。如在师德规范修改征求意见过程中,新修订的《规范》中有"十五处"广大教师意见被采纳,从而使《规范》更加具体,更加实际,更有利于全面贯彻落实。同时,在新《规范》中还提出了体现时代精神的新的倡导性要求。如在新《规范》中首次加入"保护学生安全"、"教书育人"、"关心学生健康"、"激发学生创新

精神"、"终身学习"等等,这些都是结合时代要求,与时俱进提出的新要求。

四是倡导性要求与禁行性规定相结合。本次修订实施的新《规范》是从教师职业道德的阶段性特征出发,针对当前师德建设中的共性问题和突出问题,在广泛征求意见的基础上,既作出了倡导性的要求,也作出了若干禁行性规定。例如,倡导性的要求有:第一条"爱国守法"中,倡导"热爱祖国"、"热爱人民";第二条"爱岗敬业"中,倡导教师"志存高远,勤恳敬业,甘为人梯,乐于奉献"。乐于奉献的精神特别需要提倡。陶行知先生曾说:"在教师手里操着幼年人的命运,便是操着民族和人类的命运。"只有当教师把教育作为一项事业、作为自己的人生追求时,才可能默默奉献、甘为人梯,这是教育工作的核心价值所在。第三条"关爱学生"中倡导"做学生良师益友"。第四条"教书育人"中倡导"遵循教育规

律,实施素质教育"。第五条"为人师表"中倡导"作风正派,廉洁奉公"。第六条"终身学习"中倡导"崇尚科学精神,树立终身学习理念"等。禁止性的规定有:第一条"爱国守法"中"不得有违背党和国家方针政策的言行";第二条"爱岗敬业"中"不得敷衍塞责";第三条"关爱学生"中

"不讽刺、挖苦、歧视学生，不体罚或变相体罚学生"；第四条"教书育人"中规定"不以分数作为评价学生的唯一标准"；第五条"为人师表"中规定"不利用职务之便谋取私利|"。

五是他律与自律相结合。教师职业道德建设重"他律"、贵"自律"。如第一条中倡导"自觉遵守教育法律法规"、第二条中倡导"乐于奉献"、

第五条中倡导"自觉抵制有偿家教"。新《规范》在注重"他律"的同时，强调"自律"，倡导广大教师自觉践行师德规范，把规范要求内化为自觉行为。从"他律"走向"自律"是师德建设的最终目的。

（三）新《规范》的突出特点

1. 突出了重要性。"教书育人"，是旧规范第二条内的一句话，在新规范中升格为第四条的条目。这是非常必要的。因为，"教书育人"是教师的第一要务，是教师职业区别于其他任何职业的根本所在（如同"治病救人"最准确地描述了医生的职业特征）。

2. 体现了时代性。新规范新增了"志存高远""素质教育""知荣明耻""终身学习""探索创新"等词，这是 21 世纪对教师的时代要求，这也是与时俱进在新规范中的具体体现。

3. 提高了针对性。应该说旧规范有"热爱学生"这一条，"保护学生安全"本是题中之意。但还是被范跑跑这样的人钻了空子。这说明旧规范存在意思不明确、针对性不强的漏洞。新规范增加"保护学生安全"的内容，很有必要。类似意义上的增加，还有"自觉抵制有偿家教"等。

4. 增强了概括性。把旧规范中分散在五、六、七、八等四条内的主要内容，精简压缩到新规范第五条"为人师表"之内，也比较好。再就是删除了明显重复的词，如旧规范中的"以身作则，注重身教"，两词意思很近，新规范删去了"注重身教"。另将"探索教育教学规律"改为"遵循教育规律"，也稳妥一些。

5. 注重了操作性。新的"规范"不仅是增加一条"终身学习"，而且每一条都具体化了。比如，在"爱国守法"中，增加了"不得有违背和国家方针

政策的言行”；在“爱岗敬业”一条中，又具体化为“三认真一不得”，即认真备课上课，认真批改作业，认真辅导学生。不得敷衍塞责。在“关爱学生”一条中，使用了多个四字词组，如，“关心爱护、平等公正、严慈相济、良师益友、歧视学生、变相体罚、保护安全、关心健康”等，通过这些词语，细化了关爱学生的具体做法。在“教书育人”一条中，增加了“不以分数作为评价学生的惟一标准”等词句。在“为人师表”一条中增加了“自觉抵制有偿家教，不利用职务之便谋取私利”。同时，还将“热爱学生”中的“热爱”改为“关爱”一词，将“无私奉献”改为“乐于奉献”等，更具有操作性。

（四）新《规范》的核心内容

新《规范》共六条，体现了教师职业特点对师德的本质要求和时代特征，“爱”与“责任”是贯穿其中的核心和灵魂。

1．“爱国守法”——教师职业的基本要求。

热爱祖国是每个公民，也是每个教师的神圣职责和义务。建设社会主义法制国家，是我国现代化建设的重要目标。要实现这一目标，需要每个社会成员知法守法，用法律来规范自己的行为，不做法律禁止的事情。

2．“爱岗敬业”——教师职业的本质要求。

没有责任就办不好教育，没有感情就做不好教育工作。教师应始终牢记自己的神圣职责，志存高远，把个人的成长进步同社会主义伟大事业、同祖国的繁荣富强紧密联系在一起，并在深刻的社会变革和丰富的教育实践中履行自己的光荣职责。

3．“关爱学生”——师德的灵魂。

亲其师，信其道。没有爱，就没有教育。教师必须关心爱护全体学生，尊重学生人格，平等公正对待学生。对学生严慈相济，做学生良师益友。保护学生安全，关心学生健康，维护学生权益。

4．“教书育人”——教师的天职。

教师必须遵循教育规律，实施素质教育。循循善诱，诲人不倦，因材施教。培养学生良好品行，激发学生创新精神，促进学生全面发展。不以分数作为评价学生的唯一标准。

5."为人师表"——教师职业的内在要求。

教师要坚守高尚情操，知荣明耻，严于律己，以身作则，在各个方面率先垂范，做学生的榜样，以自己的人格魅力和学识魅力教育影响学生。要关心集体。

6."终身学习"——教师专业发展不竭的动力。

终身学习是时代发展的要求，也是教师职业特点所决定的。教师必须树立终身学习理念，拓宽知识视野。

(五) 新旧《规范》的区别

新旧《规范》的区别主要体现在四个方面。

1. 条目数量由 8 条改为 6 条。

教育部新修订的《中小学教师职业道德规范》在条目上由 8 条改为 6 条，但在具体内容上却得到了充实。比如，在第三条"热爱学生"中，旧条款要求教师对学生严格要求，新条款则修改成"对学生严慈相济，做学生的良师益友。"与此前公布的新规范征求意见稿相比，正式公布的版本基本构架相同，但在一些词语使用方面进行了微调。在征求意见稿中，第二条款为"敬业奉献"，而正式版中，改回到 1997 年版的"爱岗敬业"。"勤勤恳恳，兢兢业业"也被改为更为简练的"勤恳敬业"。而第三条款将"热爱学生"改为"关爱学生"，一字之差感觉更人性，更具亲情味。第四条款中的"勇于探索创新，不断提高教育教学水平"则被"循循善诱，诲人不倦，因材施教"所取代。

2."保护学生安全"首次纳入新规。

此次修订是根据教育和教师工作的新形势作出的更加科学和有针对性的修订。是根据教育和教师工作出现的新情况、新问题、新特点，在前期充分论证、广泛征求意见、深入研究的基础上进行的。值得一提的是，"保护学生安全"被首次写入了新规范第三条关爱学生中。写入该内容是在明确"保护学生安全"是教师应遵守的职业精神。

3．明确抵制有偿家教现象。

有偿家教的恶果很明显：一是导致教师"拜金主义"，二是影响正常教学进行。此次修订的条款更加清晰和简洁，在具体内容上也得到了充实。"自觉抵制有偿家教，不利用职责之便牟取私利"、"不违规加重学生课业负担，不以分数作为评价学生的惟一标准"，也首次明确列入其中。

4．"终身学习"被单独提出。

作为一名教师，只具备与教学相关的专业知识已远远不够。社会发展这么快，几乎所有人都需要不断学习。更何况是教师这种特殊行业。所以在新规范中，"终身学习"被单独提出。

二、《新时代中小学教师职业行为十项准则》
（教师［2018］16号）

新时代中小学教师职业行为十项准则：

教师是人类灵魂的工程师，是人类文明的传承者。长期以来，广大教师贯彻党的教育方针，教书育人，呕心沥血，默默奉献，为国家发展和民族振兴作出了重大贡献。新时代对广大教师落实立德树人根本任务提出新的更高要求，为进一步增强教师的责任感、使命感、荣誉感，规范职业行为，明确师德底线，引导广大教师努力成为有理想信念、有道德情操、有扎实学识、有仁爱之心的好老师，着力培养德智体美劳全面发展的社会主义建设者和接班人，特制定以下准则。

（一）坚定政治方向。坚持以习近平新时代中国特色社会主义思想为指导，拥护中国共产党的领导，贯彻党的教育方针；不得在教育教学活动中及其他场合有损害党中央权威、违背党的路线方针政策的言行。

（二）自觉爱国守法。忠于祖国，忠于人民，恪守宪法原则，遵守法律法规，依法履行教师职责；不得损害国家利益、社会公共利益，或违背社会公序良俗。

（三）传播优秀文化。带头践行社会主义核心价值观，弘扬真善美，传递正能量；不得通过课堂、论坛、讲座、信息网络及其他渠道发表、转发错误观点，或编造散布虚假信息、不良信息。

（四）潜心教书育人。落实立德树人根本任务，遵循教育规律和学生成长规律，因材施教，教学相长；不得违反教学纪律，敷衍教学，或擅自从事影响教育教学本职工作的兼职兼薪行为。

（五）关心爱护学生。严慈相济，诲人不倦，真心关爱学生，严格要求学生，做学生良师益友；不得歧视、侮辱学生，严禁虐待、伤害学生。

（六）加强安全防范。增强安全意识，加强安全教育，保护学生安全，防范事故风险；不得在教育教学活动中遇突发事件、面临危险时，不顾学生安危，擅离职守，自行逃离。

（七）坚持言行雅正。为人师表，以身作则，举止文明，作风正派，自重自爱；不得与学生发生任何不正当关系，严禁任何形式的猥亵、性骚扰行为。

（八）秉持公平诚信。坚持原则，处事公道，光明磊落，为人正直；不得在招生、考试、推优、保送及绩效考核、岗位聘用、职称评聘、评优评奖等工作中徇私舞弊、弄虚作假。

（九）坚守廉洁自律。严于律己，清廉从教；不得索要、收受学生及家长财物或参加由学生及家长付费的宴请、旅游、娱乐休闲等活动，不得向学生推销图书报刊、教辅材料、社会保险或利用家长资源谋取私利。

（十）规范从教行为。勤勉敬业，乐于奉献，自觉抵制不良风气；不得组织、参与有偿补课，或为校外培训机构和他人介绍生源、提供相关信息。

参 考 文 献

1. 陈玉祥. 教师职业道德 ［M］. 南京：南京大学出版社，2016.

2. 陈大伟. 教师职业道德 ［M］. 北京：高等教育出版社，2015.

3. 赵宏义，于秀华. 新时期教师职业道德修养 ［M］. 长春：东北师范大学出版社，2005.

4. 田立君，陈旭远. 课堂教学有效性研究 ［M］. 长春：东北师范大学大学出版社，2011.

5. 田立君. 以案说理：有效教学需要什么 ［M］. 长春：东北师范大学出版社，2014.

6. 田立君. 学习评价的理论与应用 ［M］. 长春：东北师范大学大学出版社，2015.

7. 田立君. 师德为本：新时期教师职业道德修养提升策略 ［M］. 长春：东北师范大学出版社，2019.

8. 赵汀阳. 论可能生活 ［M］. 修订版. 北京：中国人民大学出版社，2004.

9. 檀传宝. 教师伦理学专题 ［M］. 北京：北京师范大学出版社，2000：60.

10. 唐凯麟，刘铁芳. 德高为师：中小学教师职业道德修养. 长春：东北师范大学出版社，2017.

11. 王燕. 论教育人道主义及其价值追求 ［J］. 江西教育科研，2007(1)：5.

12. 阿莫纳什维利. 孩子们，你们好！［M］. 北京：教育科学出版社，2005：自序.

13. 联合国教科文组织国际教育发展委员会. 学会生存：教育世界的今天和明天［M］. 北京：教育科学出版社，1996：184.

14. 夸美纽斯. 大教学论［M］. 北京：人民教育出版社，1984：39.

15. 彭运石. 走向生命的巅峰：马斯洛的人本心理学［M］. 武汉：湖北教育出版社，1999.

16. 赫尔巴特. 普通教育学·教育学讲授纲要［M］. 北京：人民教育出版社，1989：绪论.

17. 张清平. 春晖的教育［C］.//商友敬. 过去的教师［M］. 北京：教育科学出版社，2007.

18. 裘志刚. 让我成为孩子的偶像［N］. 浙江日报，2016-02-16.

19. 陈静静. 以"倾听"为核心的教育生态重构［J］. 全球教育展望，2018（6）.

20. 周彬. 论回归立德树人的课堂教学建构［J］. 中国教育学刊，2020（4）.

21. 毛志成. 教师五层次［J］. 人民教育，1999（02）.

后 记

  教师的自我修养是立德树人的重要保障。教师职业道德是一种"实践精神",其特殊性就在于它是把一定的道德原则和规范变为以道德原则和规范为标准的道德评价和道德教育的实践活动。

  教学道德是教师职业道德的核心内容,教书育人是教师的根本道德责任。教师良好的教学道德不仅有利于促进和谐的师生人际关系,增强教学双向沟通,提高教学效果,更对学生的成长成才具有潜移默化的深远影响。学生经历的一切——遇到的教师、接触的事物、经历的每一次谈话,都构成了教育的有机体。因此,教师不能只依凭知识做教师,而要以自己整个"人"去做教师。

  本书强调在师德建设过程中教师的教育爱必须包括对自己的爱。教师要将对自身的关心看成师德修养的一部分,善待自己,打理好自己的教学生活和日常生活,做一个充满正能量的、阳光型的幸福教师。唯有如此,我们才能有能量去光照学生,提升学生校园生活的幸福感。所谓修养师德,其实是"为己之学",因为热爱教育事业也是教师自爱的一部分。只有切实认识到教育是一项可以获得最厚重人生意义的伟大事业,我们的寻常教学才能变成一种令人愉悦的工作。

  本书聚焦课堂教学如何让师德师风落地生根,实现教师职业道德修养的知行合一,即常态化与长效性。迈克尔·富兰在《变革的力量》一书中强调,教学情境的不确定性,教学对象的复杂性和差异性,教学决策的不可预见和不可复制性,这些特点决定了教师这个职业需要一种实践智慧,需要现场观察、临场决断和随机应变的能力,但是这种智慧,这些能力的获得仅靠阅读一般的教育规则、原理和方法是远远不够的，教育还需要结合典型的案例情境，深入其中去体味、展开开放式的讨论，设身处地进行感悟。案例教学法的推广是教师专业化成长的必然。

"以案说理"是本书的一大特色。本书以案例为主导，通过案例的呈现，在具体的情境中分析教师让师德师风落地生根的原理和方法。针对当前新课程标准的要求，为基础教育一线教师提供反思和借鉴——关于课堂教学与师德修养、师生关系与学生成长。理论指导实践，案例指向应用，本书力求通过案例在课堂情境中导行立德树人的方法，促进中小学教师在课堂教学中不断提高师德修养，实现可持续的教师专业发展。

本书记录的是作者三十年来在中小学教学一线的思考与实践的履痕。在写作中，有三句话怦然心动：一是你永远也不知道什么时候，自己不经意的举动就会温暖一个学生的心，所以"学校无小事，处处有教育"，提倡教育无痕；二是"掌握教学策略与技巧，不足以成就一名优秀教师，优秀教师让人充满希望，让人相信有一千个拥抱生活的理由"，这是美国教师菲利普·比格勒的肺腑之言，这句话能够让我思考好教师需要什么；三是进一步理解了"好的关系胜过许多教育"，做一个温暖而有力量的老师，让师德之光照亮学生的未来。

本书在写作过程中，参考和借鉴了许多学者、同仁的研究成果，笔者在此向成果的原作者致谢。本书已将引用的语句进行真实的标注，但在编写过程中若有标注不详尽的地方，还望读者朋友谅解。同时希望读者对本书不足的地方提出批评与指正，尤其渴望一线中小学教师不吝赐教与交流切磋。

田立君

2020 年 7 月